12389

MÉMOIRE

SUR

LA NAVIGATION INTÉRIEURE;

OBSERVATIONS

SUR L'OPÉRATION PARTICULIERE

ORDONNÉE PAR LE GOUVERNEMENT

POUR PRÉPARER L'OPÉRATION GÉNÉRALE

PRÉSENTÉE ICI SOUS TOUS SES RAPPORTS.

Suite de l'Ouvrage préliminaire au Traité général,

PAR M. ALLEMAND,

Conservateur général de la Navigation de la Garonne , Associé Amateur de l'Académie de Peinture , Sculpture , d'Architecture Civile & Navale de Marseille , ancien Conservateur des Forêts de l'Isle de Corse.

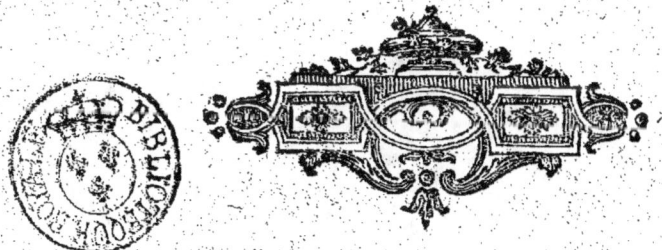

A PARIS,

Chez PRAULT, Imprimeur du Roi, Quai des Augustins, à l'Immortalité.

M. DCC. LXXXV.

Avec Approbation & Privilege du Roi.

V

AVERTISSEMENT.

Flatté d'avoir obtenu de Sa Majesté l'agré-
ment de lui dédier notre Traité général de la
Navigation intérieure, approuvé par l'Académie
des Sciences, nous aurions fait tous nos efforts
pour le publier dans ce moment, si un obstacle
puissant ne s'y étoit opposé. Nous avons reconnu
qu'un ouvrage de cette nature, qui devoit em-
brasser nécessairement la description physique,
politique & économique de nos fleuves & rivieres,
exigeoit absolument la connoissance locale de tous
les objets que renferme cette partie, ainsi qu'on
en sera pleinement convaincu par le plan d'opérations préliminaires à l'extension de la navigation, présenté dans la troisieme Section de cet
ouvrage.

Comme ce n'est point un motif mercenaire
qui nous a fait concevoir le projet de traiter cette
branche d'administration, mais uniquement le
désir de mériter l'estime de nos concitoyens &
du Gouvernement, nous n'avons pas cru devoir,

A ij

par trop de précipitation, nous expofer à perdre les fuffrages que nous a mérité notre effai ; nous nous félicitons d'avoir été affez prudens pour n'aller que pas à pas dans une entreprife auffi vafte, qui, par les opérations qu'elle embraffe , & les avantages infinis qui doivent en réfulter, devient l'entreprife de l'Etat.

C'eft auffi la marche que le Confeil a cru devoir fuivre, en ne faifant d'abord qu'une opé- ration particuliere qui nous a été confiée, pour préparer l'opération générale ; & c'eft d'après cette expérience , & les obfervations qu'elle nous a mis à portée de faire, que nous avons de nou- veau rédigé notre plan général d'adminiftration & les moyens de l'exécuter , que nous préfentons aujourd'hui au Gouvernement.

MÉMOIRE

SUR

LA NAVIGATION INTÉRIEURE.

L A Navigation intérieure eft reconnue par toutes les Puiffances pour être le germe des profpérités publiques ; elle favorife la Population, vivifie l'Agriculture, introduit les Arts, le Commerce, & eft l'aliment de la Navigation maritime : aveu qui condamne l'indifférence où nous avons été long-tems fur cette partie importante, réduite aujourd'hui dans un état qui mérite toute l'attention du Gouvernement.

L'Efpagne, qui paroiffoit être dans une profonde léthargie fur fon adminiftration intérieure, donne aujourd'hui tous fes foins aux objets d'induftrie ; elle vient d'exécuter le canal d'Aragon, de trente-deux lieues de longueur, entrepris & abandonné par Charles-Quint, & qui, fuivant la defcription qu'on nous en donne, femble le difputer au canal de Languedoc, foit par les obftacles qu'il a fallu vaincre, foit par fa largeur & fa profondeur, foit enfin par fes deux objets d'utilité, la navigation & l'arrofage. C'eft au génie & au zele de Don Raymond

Pignatelli qu'on a l'obligation d'avoir fu vaincre les grandes difficultés qui s'oppofoient à l'exécution de ce canal.

Le Portugal, qui ne s'étoit jamais occupé de ces opérations, en a également reconnu l'importance. L'Académie des Sciences de Lisbonne a tenu une affemblée publique le 17 Janvier dernier, dans laquelle elle a adjugé le prix qu'elle devoit diftribuer cette année, au fieur Guillaume de Valleré, Auteur d'un mémoire fur l'utilité d'un canal à conftruire dans la province d'Alentejo, pour faciliter le tranfport des productions de cette province jufqu'au Tage. Ce mémoire offre en même tems le projet du canal, les détails rélatifs à fa conftruction, & le tableau de la dépenfe.

Le Danemarck ayant réfolu, il y a quelques années, d'opérer, dans la province de Holftein, la communication de la mer du Nord avec la mer Baltique, a également eu le plus grand fuccès dans fon entreprife. Par cette voie, les vaiffeaux de 96 à 100 pieds de quille, tirant 9 à 10 pieds d'eau, évitent le Cattégat, le détroit du Sund, & un trajet dangereux d'environ deux cent milles; ils ne mettent, par le canal, que dix heures pour fe rendre d'une mer à l'autre, & les frais ne font que d'environ cent douze livres tournois.

Le Prince Oginsky ne s'eft jamais rebuté d'une des plus grandes entreprifes en ce genre; il vient enfin d'établir, par la Pologne & les rivieres Przypiu & de Szezara, la communication de la mer Noire & de la mer Baltique.

On en établit une autre qui ne fera pas moins avantageuse au commerce de la République ; c'est celle des rivieres de Piné & de Muchawiec avec la Vistule & le Nogat. Le canal que l'on creuse pour cet effet a huit milles de longueur.

L'Empereur fait actuellement ouvrir un canal en Hongrie, depuis la ville de Témefwar jufqu'à Témefm, pour opérer la communication du Danube avec la Save, & de-là avec la mer Noire & la mer Adriatique. Le Département de la Navigation intérieure a foin de faire lever tous les obstacles qui s'oppofent à une libre navigation fur toutes les rivieres des États héréditaires ; il s'occupe auffi d'en rendre navigables plufieurs autres.

Le canal entrepris par Charlemagne en 792, pour établir par le Mein la communication du Danube avec le Rhin, paroît aujourd'hui fixer toute l'attention de l'Empereur. Des Ingénieurs ont reconnu les lieux & pris tous les renfeignemens relatifs à cette grande opération : il fe trouve différens feuils pour creufer ce canal, & on n'a point encore déterminé précifément celui auquel on donnera la préférence.

L'importance que Jofeph II attache, avec raifon, à l'ouverture de l'Efcault, doit bien nous convaincre des avantages immenfes de la Navigation intérieure.

La Czarine ne ceffe auffi de donner toute fon attention à cette partie. Le Gouvernement fait actuellement creufer plufieurs canaux, & on vient enfin de faire fauter les rochers qui embarraffoient encore le Nieper, par lequel le canal d'Oginsky établit la communication de la mer Noire avec la mer Baltique ; ce fleuve, autrefois rempli d'écueils qui rendoient la navigation très - dangereuſe, ne préſente plus aucun danger.

Le Roi de Pruſſe, quoiqu'ayant une Navigation circulaire, vient encore d'aſſigner des fonds conſidérables pour faire creuſer pluſieurs canaux dans la Marche Electorale.

En Angleterre, ſi les travaux pour l'extenſion de la Navigation intérieure ceſſent pendant la guerre, à la paix ils ſont auſſi-tôt repris; outre pluſieurs canaux auxquels on travaille, le Gouvernement paroît abſolument décidé à faire exécuter en Ecoſſe le projet de la communication des deux mers à travers ce Royaume, entre Loch-fine & Loch-grinan, qui ne ſont ſéparés que par un iſthme de cinq milles, & on aſſure que la dépenſe que pourroit occaſionner cette jonction, ne monteroit pas au-deſſus de 17,000 liv. ſterling. Les avantages de cette opération ſont inappréciables, tant parce qu'elle éviteroit au navigateur des périls ſans nombre, que par les facilités qu'elle lui procureroit pour ſe rendre d'un Royaume à l'autre. L'établiſſement des pêcheries ſur les côtes d'Écoſſe concourt auſſi infiniment à l'ouverture de ce nouveau débouché de navigation.

Le canal qui doit joindre la Tamiſe, l'Iſſi, & la Severn paroît abſolument réſolu. La Cour des Aldermans, après avoir entendu le rapport des Commiſſaires, a requis ceux de ſes membres qui ont ſéance dans la Chambre des Communes, de ne perdre ce bill de vue dans aucun de ſes progrès, & de veiller à ce qu'il ne contînt aucune clauſe nuiſible aux intérêts de la ville de Londres.

Washington

Washington, femblable à ces Romains qui, après avoir fervi la Patrie au-dehors, la fervoient au-dedans avec une utilité encore plus réelle, s'oecupe fortement des progrès de la Navigation intérieure des États-unis ; il a formé le projet de débarraffer les lits des fleuves & rivieres, des cataraûes, & autres encombres qui en interrompent le cours, & d'ouvrir des canaux de communication d'un État à l'autre, ainfi qu'avec les fleuves de Saint-Laurent & de Miffiffipi.

Dans une affemblée des plus nombreufes, qui a eu lieu à Alexandrie le 15 Décembre 1784, entre les Députés de cet État & ceux du Mariland, pour délibérer fur les moyens les plus propres pour perfeûionner & augmenter la Navigation de la riviere Potowmack, il a été arrêté d'une voix unanime, que le bien public exigeoit qu'on mît en ufage tous les moyens pour rendre le cours de cette riviere navigable, auffi haut qu'il feroit poffible : en conféquence de cet arrêté, il fut adreffé des requêtes motivées au Corps légiflatif des deux États, dans lefquelles on demandoit qu'il fût formé une Compagnie pour exécuter ce projet, & qu'on lui accordât tous les encouragemens néceffaires pour en faciliter la réuffite : on n'avoit pas le moindre doute que ces demandes ne fuffent favorablement accueillies.

Après cette affemblée, le Généraliffime Washington & le Général Gattes fe font rendus dans le Mariland, au nom de l'État de Virginie, pour convenir d'un plan. La Compagnie qui s'eft offerte pour l'ouverture de cette riviere, s'engage à la rendre navigable en trois ans, depuis fa fource jufqu'aux grandes chûtes, c'eft-à-dire,

B

dans un cours de plus de deux cent milles, & de ter-
miner cette opération, jufqu'à fon embouchure, en dix
autres années. Le Corps législatif de Virginie, convaincu des grands avantages qui devoient réfulter de
cette opération & autres de ce genre, a été magnifique
dans les récompenfes accordées à Washington; ce Général
a été gratifié, à titre de propriété, de cinquante lots dans
la nouvelle navigation de la riviere de Potowmack, qui
font évalués à 100 livres fterling chacun; & cent lots
dans celle de la riviere James, évalués à 200 piaftres
chacun; ce qui forme en tout 42,000 piaftres. On voit
qu'un des premiers foins de cette République naiffante,
eft donné à la liberté du cours des fleuves & rivieres
& à la conftruction des canaux.

Un Empire qui fe fuffiroit à lui-même, qui n'auroit
rien à craindre de fes voifins, & qui feroit privé de tout
commerce extérieur, ne pourroit abfolument fe paffer
d'une Navigation intérieure; fans elle, il feroit impoffible
aux provinces de fe fecourir dans les difettes, & de fe
procurer réciproquement, dans toutes les circonftances,
les objets néceffaires à la vie: à plus forte raifon eft-elle
de la plus grande importance chez une Nation guerriere
& commerçante comme la nôtre, où d'ailleurs les Arts
font cultivés avec diftinction, & qui peut tirer de fon
fol fa principale richeffe.

Il eft généralement reconnu que notre Navigation
intérieure a effuyé une diminution confidérable, & que
ce qui nous en refte eft gêné par une multitude d'entraves introduites dans les lits des fleuves & rivieres par
la barbarie des fiecles, abus qu'il eft très-important de

détruire, & qui ne peut fubfifter davantage dans un ſiecle ſi éclairé & ſous un Gouvernement ſi bienfaiſant. Les plaintes continuelles du navigateur & du commerce, font une preuve bien convaincante des grandes difficultés qu'éprouve par-tout la navigation. Pluſieurs rivieres qui étoient autrefois navigables, nous refuſent aujourd'hui leurs ſecours pour les débouchés des productions des contrées les plus fertiles. N'eſt-il pas étonnant que le plus grand nombre de nos villes capitales, que même des provinces entieres, aient négligé de ſe procurer la navigation ſur les rivieres dont elles font arroſées? Il l'eſt encore plus que celles qui jouiſſoient de ce précieux avantage s'en ſoient laiſſé priver.

Qui pourroit ſe perſuader que la capitale du Royaume ait perdu ſur la Seine, ſa mere nourrice, plus de vingt-cinq lieues de navigation pour bateaux ſur les meilleurs fols de la Champagne & de la Bourgogne? C'eſt cependant un fait qu'on ne peut révoquer en doute. Pluſieurs ordonnances rendues récemment par l'Adminiſtration de la ville de Paris, au ſujet des encombres qui ſe trouvent ſur ce fleuve & ſur les rivieres qu'il reçoit dans ſon cours, démontrent juſqu'à quel point de licence ſe portent les riverains. Les moyens extrêmes & dangereux qu'emploie cette Adminiſtration pour réprimer ces abus, en autoriſant les Patrons & les Mariniers à détruire ou enlever arbitrairement tout ce qui peut gêner la navigation (1), peuvent en faire commettre de plus grands que ceux auxquels on avoit en vue d'obvier.

_____

(1) Ordonnance du 30 Avril 1784.

La Navigation de la Seine & de fes affluens n'intéreffe pas feulement la ville de Paris, mais auffi toutes les provinces qu'ils arrofent, & généralement le Royaume; il eft donc très-abufif que cet intérêt général foit confié à une Adminiftration municipale, qui n'a & ne doit avoir aucune miffion pour en être chargée, & qui a même négligé au dernier point, relativement à cette partie, fon intérêt particulier. Au contraire, l'Adminiftration générale chargée de la police de ces rivieres & de l'extenfion de la navigation, comme elle le doit être néceffairement, en veillant à l'intérêt général du Royaume, veille en même tems à l'intérêt particulier des provinces & de la capitale. Si la ville de Paris croit avoir un intérêt particulier de contribuer à l'extenfion de la Navigation de la Seine & de fes affluens, le Gouvernement peut l'autorifer pour ces opérations, indépendantes de l'exercice de la police fur les fleuves, rivieres & canaux, comme il le fait à l'égard des provinces qui ont des fonds à y deftiner.

Le Corps de la Bourgeoifie de Londres eft le confervateur de la partie du cours de la Tamife, depuis le pont de Londres jufqu'au Nore; & de la Medway, depuis Rocheffer jufqu'à Sheernefs, mais point au-delà, ni d'aucun autre affluent de la Tamife, par la raifon que nous venons de donner ci-deffus au fujet de la Seine & de fes affluens.

Sur les canaux il fe commet des abus d'un autre genre, foit qu'ils fe trouvent fouvent mal entretenus, foit qu'on y éprouve des retards par d'autres caufes; ainfi l'œil du Gouvernement y devient auffi abfolument néceffaire.

Il eft inconcevable qu'une branche des plus intéreffantes

de l'Administration reste dans la confusion & le désordre pour des intérêts particuliers. Une partie est jointe au département des Ponts & Chaussées ; une autre partie est confiée au Procureur général de la Commission des Péages ; une troisieme à l'Administration de la ville de Paris ; une quatrieme enfin est au pouvoir des Officiers des Eaux & Forêts, toutes les fois qu'ils y trouvent leur intérêt ; & la plus grande partie est sans administration, abandonnée à l'avidité des riverains ; en général, on voit souvent une même affaire portée à plusieurs départemens, c'est ce qui vient encore d'arriver au sujet des travaux qu'on fait exécuter sur la riviere d'Aisne, relativement au canal qu'on doit ouvrir en Champagne (1).

_____

(1) Cette communication n'entre point dans l'ensemble de ces opérations, attendu les deux canaux qu'il est indispensable d'ouvrir ; l'un, de l'Oise à la Sambre, pour établir une communication directe avec la Hollande par la Meuse ; & l'autre, pour opérer celle de la Manche au Rhin, par la Lorraine. Il n'est pas douteux qu'on ne tombe toujours dans des inconvéniens, tant qu'on ne partira pas d'un ensemble. Le canal souterrain de Picardie & celui de Bourgogne par Dijon, en font encore une preuve convaincante ; l'entreprise de ce dernier a failli priver la Nation, peut-être pour long-temps, du canal de Charolois, auquel les États de Bourgogne font travailler, & qui doit ouvrir une des plus importantes communications qu'il y ait à opérer dans le Royaume.

Voici les objections qu'a faites M. Perronnet sur la discussion du projet du canal par Dijon, & qu'il s'est cru en droit de placer en marge de notre Traité général de la Navigation intérieure, lorsqu'il étoit entre les mains du Censeur, M. Cadet de Saineville. Cet Ingénieur dit: » Que les objections de M. Allemand » sont tirées d'un Ouvrage fait par M. Thomassin, pour faire donner la préfé- » rence au projet qu'il avoit formé pour faire passer le canal par les étang » de Long-pendu en Charolois. On ne connoît que M. Thomassin qui ait im- » primé contre le canal par Dijon. Quand même on exécuteroit le canal par » Long-pendu, celui projetté par M. Abeille, passant par Dijon, Pouilly, & » Tonnerre, & auquel le Roi fait travailler depuis quatre ans, bien loin de » mériter la censure de l'Auteur, a toujours été préféré par les Ingénieurs,

Par-tout on ne voit dans cette partie que l'anarchie, source de tous les abus. Qu'est-il arrivé de là ? La perte

» autres que M. Thomassin, qui l'ont examiné. On renvoie, pour être mieux
» en état d'en juger, au Mémoire qui est imprimé dans l'Ouvrage de M. de la
» Lande, pag. 236 & suivantes. Les eaux du point de partage pour le canal de
» Briare sont à peine suffisantes pour la Navigation qui y est établie ; & celles de
» la Loire, entre Dijon & Briare, est très-difficile & incertaine, une grande partie
» de l'année ; ce qui ne permettroit pas d'en établir une nouvelle, aussi grande que
» doit l'être celle du canal de Bourgogne par Dijon, Pouilly, & Tonnerre. Il paroît
» au surplus que l'on n'a pas compté toutes les écluses du canal de Loing dans le
» nombre de celles qui sont citées dans cet Ouvrage. Le canal par le Beaujolois,
» en suivant la Loire, le canal de Loing & de Briare, auroit les mêmes incon-
» véniens mentionnés ci-devant, que le canal passant par les étangs de Long-
» pendu. On ne sauroit se servir de chevaux le long de la Loire. L'essai qui en a
» été fait, n'a pas réussi. La Saône est plus long-temps navigable que la Loire ;
» on observe seulement de diminuer la charge lors des basses eaux, ainsi qu'on
» le pratique sur la Seine «.

D'abord la premiere assertion de M. Perronnet est destituée de tout fondement ;
outre l'Ouvrage de M. Thomassin, il y a celui d'un Conseiller au Parlement de
Dijon, publié en 1775, qui démontre les avantages infinis du canal de Charolois
sur celui par cette capitale de la Bourgogne. Ses autres assertions ne sont pas
plus fondées. Les trois plus grands Ministres que la France ait eus, ont donné la
préférence au canal par le Charolois, ainsi que les plus habiles Ingénieurs ; l'entreprise a été mise plusieurs fois aux encheres ; mais les guerres ont toujours mis
obstacle à l'exécution, comme il est prouvé dans notre Ouvrage préliminaire, pag.
62 & suivantes, & encore mieux prouvé dans notre Traité général, où M. Perronnet a indiscrétement placé ses objections. Il a dû voir que les Sully, les Riche-
lieu, les Colbert ont toujours préféré les seuils de Charolois & de Beaujolois,
ainsi que les Descure, les Franchini, les Chamois, les Renau, ces célebres Ingénieurs, qui ne pouvoient être inconnus à M. Perronnet : le Mémoire dont il
parle ne prouve rien, il ne contient que ses objections, que l'on rapporte ici.
Ce n'est qu'en été & au commencement de l'automne qu'il peut manquer d'eau
au point de partage du canal de Briare ; mais il est facile d'y en amener de
nouvelles par le moyen de quelques travaux ; nous croyons aussi qu'on peut trouver
des moyens pour ne pas tant en dépenser. Les grandes difficultés qu'éprouve la
navigation sur la Loire n'arrivent aussi ordinairement que dans ces saisons ; mais
alors elle éprouve le même inconvénient sur toutes les rivieres. M. Antoine, Sous-

d'une grande partie de notre Navigation intérieure &
de notre Agriculture.

Ingénieur des Etats de Bourgogne, dans son ouvrage sur la navigation de cette
province, reconnoît cette vérité; & les différentes autorités qu'on vient de citer
ci-deſſus, achevent de détruire l'objection de M. Perronnet. Celle qu'il nous fait
encore au ſujet des chevaux, dont on ne pourroit pas, dit-il, ſe servir sur la Loire,
n'eſt pas plus merveilleuſe. Si on ne peut ſe servir de chevaux, on continuera de
ſe servir d'hommes, ainſi qu'on en uſe également sur pluſieurs rivieres, & on
pourroit auſſi y employer des bœufs avec ſuccès. Enfin, ſes dernieres objections
n'ont pas plus de fondement : il n'eſt pas vrai que la Saône ſoit plus long-
temps navigable que la Loire ; M. Antoine convient qu'elle ne l'eſt pas pendant
ſix mois de l'année au-deſſus de Châlons, ce qui eſt très-vrai ; elle ſe prend de
glace facilement, attendu le peu de courant de ſes eaux, inconvénient que la
Loire n'éprouve que rarement. A l'égard de l'allégement des bateaux qui ſe fait
sur la Saône dans les baſſes eaux, n'a-t-on pas la liberté d'en uſer ainſi sur la
Loire & ſur toutes les rivieres quelconques ? Comment cet Ingénieur a-t-il pu
ſe flatter que de pareilles aſſertions puſſent faire fortune ? Au reſte, le diſcer-
nement & la ſageſſe des Etats de Bourgogne, en admettant le canal par le
Charolois, pour opérer la communication des deux mers par la Bourgogne, &
auquel pluſieurs Régimens ſont employés depuis trois ou quatre ans, détruiſent
entiérement les objections de M. Perronnet.

A l'égard de la repriſe de la conſtruction du canal ſouterrain de Picardie, elle
eſt auſſi inconcevable que l'opération par elle-même, d'après la ceſſation ordonnée
par M. Turgot, le ſeul Miniſtre des Finances qui ſe ſoit montré décidément juſqu'alors pour opérer le rétabliſſement de la Navigation intérieure & lui donner
toute l'extenſion dont elle eſt ſuſceptible, ayant, pour cet effet, ordonné un fonds
de 800,000 liv. & fait créer une Chaire d'Hydroſtatique pour former des ſujets
qui fuſſent entiérement livrés à cette partie importante. Ce Miniſtre éclairé &
Citoyen, recevant de toutes parts des mémoires au ſujet de l'entrepriſe bizarre du
canal ſouterrain de Picardie, chargea M. le Marquis de Condorcet, M. d'Alembert,
& M. l'Abbé Boſſut, d'examiner ſi cette opération étoit praticable ; & d'après le
rapport (1) de ces Savans, qui prouvoit qu'elle ne l'étoit à aucun égard, la
ceſſation des travaux fut ſur-le-champ ordonnée, quoiqu'on eût dépenſé environ
un million. Nous avons auſſi démontré évidemment, par une lettre inſérée dans
le Mercure (2), que ce canal eſt abſolument impraticable pour la Navigation,

_____

(1) Voyez l'Ouvrage de ces trois Académiciens sur la réſiſtance des fluides.
(2) De 1781, N°. 14, pag. 38 & ſuiv.

L'Académie des Sciences & Belles-Lettres d'Angers vient de propoſer de nouveau, pour l'année prochaine, le Prix deſtiné par un Prince éclairé, protecteur des Sciences & des Lettres, au meilleur ouvrage ſur ce ſujet : *Quels ſont les moyens les plus ſimples & les moins diſpendieux d'empêcher les débordemens de l'Authion, la ſtagnation de ſes eaux, & même de rendre cette riviere navigable dans une partie de ſon cours ?*

Les moyens qu'exige cette Académie, non-ſeulement pour rendre l'Authion utile à la ſociété, mais encore pour empêcher qu'il ne lui nuiſe, ſont les mêmes que nous préſentons dans cet ouvrage pour toutes les rivieres du Royaume, ainſi qu'on en ſera convaincu, mais qui ſont ſubordonnés à une vérification des lieux. Le plus grand de ces moyens, c'eſt de rendre libre le cours des fleuves & des rivieres, c'eſt-à-dire, de les débarraſſer des encombres dont ils ſont remplis ; moyen ſimple & peu diſpendieux, avec lequel on peut en même tems établir la Navigation

& qu'en le faiſant à ciel ouvert, où il eſt indiqué par la Nature, entre l'Oiſe, la Sambre, & l'Eſcaut, on auroit opéré, à beaucoup moins de frais, deux grandes communications (1) au lieu d'une, celle de la Flandre par l'Eſcaut qu'on veut opérer par le canal ſouterrain, & celle de la Hollande par la Meuſe. M. le Marquis de Condorcet a publié un Mémoire lumineux, où il traite de tous les ouvrages qu'exige le canal ſouterrain & de la dépenſe énorme qu'ils entraînent, principalement par la voûte & les banquettes qu'il eſt indiſpenſable de pratiquer dans toute la longueur du canal de ſept mille vingt toiſes (trois lieues) ; mais rien n'a pu empêcher de reprendre cette ſinguliere opération, que les eſprits ſuperficiels & paſſionnés regardent comme une merveille, mais que les gens ſenſés & éclairés rejettent hautement : on ne doute point que le temps ne juſti-fie l'opinion de ces derniers.

(1) Avantage qu'a auſſi le canal par le Charolois ſur celui par Dijon.

&

& opérer le deſſéchement des terres inondées ſur leurs rives : mais il faut obſerver que ce qui peut infiniment contribuer à remplir ce dernier objet , peut nuire beaucoup au premier dans certains cas.

Nous avons remarqué que la premiere idée qui ſe préſente preſque à tout le monde, pour rendre une riviere navigable, c'eſt de propoſer de redreſſer & de creuſer ſon lit ; mais c'eſt une erreur en général. Par la premiere opération, bien loin de donner plus de fond à une riviere, on le diminue par un plus prompt écoulement de ſes eaux; & par la ſeconde, on ne lui en donne que très-momentanément ; car ſi, en enlevant des graviers ou vaſes du lit d'une riviere , on ne détruit pas les cauſes de ces dépôts, il eſt très-ſûr qu'ils ne tardent pas à ſe former de nouveau dans les mêmes endroits ; ce que nous prouvons évidemment dans notre Ouvrage préliminaire , pag. 149 & ſuivantes, au ſujet des embouchures de nos fleuves. Il faut donc néceſſairement concilier les deux opérations ; ce qui ne peut abſolument ſe faire que par un profond examen des lieux , afin de pouvoir décider la nature des ouvrages qui conviennent à chaque riviere & dans chaque endroit de ſon cours où il en eſt beſoin.

Il eſt évident que ce ſont les encombres dont les rivieres ſont obſtruées, qui occaſionnent ſans ceſſe des débordemens qui forment ou entretiennent la plus grande partie des marais, dont la totalité occupe une ſurface immenſe. Le deſſéchement de ces marais , dont les vapeurs meurtrieres font des victimes ſans nombre , rendroit à l'Agriculture des terreins précieux , & procureroit

C

la falubrité aux habitans de ces cantons, fans autres frais que ceux qu'exigent l'exercice de la police & l'extenfion de la navigation. Il n'eft point de travaux plus dignes de la grandeur & de la bienfaifance d'un Souverain, que ceux dont nous préfentons l'enfemble, & dans toutes les provinces ce font, fans contredit, les plus urgens dont puiffe s'occuper le Gouvernement.

Le Pape conçoit le noble projet du deffechement des marais Pontins & l'exécute en peu de temps; opération que Trajan & plufieurs autres Empereurs romains crurent digne de leur plus grande gloire! Le Pontife ne s'eft point borné à cette grande entreprife; toujours attentif à procurer le bien de fes Etats, il vient de faire examiner s'il eft poffible d'opérer le deffechement du lac de Colfiorito.

Le Roi de Naples ayant décidé le rétabliffement du port de Mifene, rendu fi fameux par les Romains, a ordonné en conféquence le deffechement des marais de Pozzuole, Baja, & de Mifene, pour rendre l'air falubre dans ce canton : les travaux qui ont été faits jufqu'aujourd'hui, promettent le plus grand fuccès de cette entreprife. Sa Majefté Sicilienne & la famille royale ont été vifiter les lieux & les travaux.

L'Empereur a adopté le projet de diminuer & de deffécher en grande partie les lacs qui environnent la ville de Mantoue : on a commencé par le lac de Pajolo, où cinq cens ouvriers font employés journellement.

On fait que Venife, par une des plus fages adminiftrations, garantit fes provinces des inondations auxquelles elles fe trouvent expofées par le Pô & la quantité de rivieres dont elles font arrofées, fans quoi fon territoire ne feroit bientôt qu'un marais. Dans toute cette contrée de l'Europe, on s'occupe fortement aujourd'hui de ces opérations.

La Hollande encore plus induftrieufe, a fait fortir de deffous un océan, un territoire immenfe des plus fertiles, qu'elle défend de cet élément & des crûes des fleuves, par des travaux ingénieux & une vigilance admirable.

On ne fauroit apprécier la quantité de terrein que le Roi de Pruffe a recouvré dans fes Etats, en faifant ouvrir des canaux de navigation : on verra évidemment ici la multiplicité des avantages qui font réfultés de ces opérations, dans les Etats de ce Prince.

En France, où le fol a plus de pente, il y a moins d'obftacles à vaincre pour rendre à l'Agriculture des terreins confidérables; il fuffit de défobftruer nos fleuves & nos rivieres.

Les marais ne font pas feulement une privation du terrein précieux qu'ils occupent ; ils font encore pour les habitans d'alentour & leurs beftiaux, une fource intariffable, & de maladies & de deftruction.

L'air eft un aliment qui, s'infinuant par toutes les parties du corps, y porte un baume, s'il eft pur ; y introduit un fubtil poifon, plus ou moins actif, s'il eft vicié. Tous les Médecins de tous les temps donnent à l'air les mêmes effets : les modernes ajoutent, d'après Newton, qu'un fol noir, bitumineux, & gras, tel que celui des marais, qui paroît engendré par la putréfaction, devient une infection pour l'air voifin.

Voltaire, dans fon Epître fur l'Agriculture, fait voir

C ij

en même temps & en peu de mots, les maux affreux
que caufent les marais & les landes, & les avantages
infinis qui réfulteroient de leur deftruction, & pour
l'Etat & pour l'humanité.

. . . . : Penfes-tu que retiré chez toi,
Pour les tiens, pour l'Etat tu n'as plus rien à faire?
La Nature t'appelle, apprends à l'obferver.
La France a des déferts, ofe les cultiver.
Elle a des malheureux; un travail néceffaire,
Ce partage de l'homme, eft fon confolateur,
En chaffant l'indigence, amene le bonheur;
Change en épis dorés, change en gras pâturages,
Ces ronces, ces rofeaux, ces affreux marécages.
Tes Vaffaux languiffans qui pleuroient d'être nés,
Qui redoutoient fur-tout de former leurs femblables,
Vont fe lier gaiement par des nœuds défirables!
D'un canton défolé l'habitant s'enrichit, &c.

L'École de Salerne a donné cet avis :

» D'un égoût, d'un marais craignez le voifinage;
» Logez loin des vapeurs qui règnent à l'entour «.

M. de Launay, dans fon Hygienne, dit : » Les
» fumées qui fortent des marais, communiquent à l'air
» leur caractere peftilentiel. Quelle fource de maladies,
» fi, comme en été, le fouffle des vents ceffe! On
» refpire avec l'air, le poifon fubtil qu'il contient : cet
» air met les humeurs en fermentation & fe les affi-
» mile. Infortunés habitans des terreins marécageux,
» continue-t-il, fi les accès périodiques de la fievre
» viennent tous les ans vous confumer-là, reconnoiffez
» la véritable caufe! «

Dans *la Méthode pour conferver la fanté*, traduite de

l'Anglois par Préville , il est dit : » Ceux qui n'ont au-
» cune obligation d'habiter des climats si pernicieux ,
» doivent s'en éloigner à grands pas, s'ils ne veulent
» être expofés à des fluxions, fquinancies, fievres ,
» pulmonies , & mille autres fâcheufes maladies , prefque
» inévitables; enfin , ils n'offrent qu'un féjour de lan-
» gueur & d'infirmités «.

Les Rois d'Egypte avoient prévenu ce fléau par leurs
foins. Leur dépenfe & leur munificence avoient pour objet
la falubrité du pays ; ils defféchoient les marais, en conf-
truifant des canaux de navigation. Les hiftoires & les
fables même font des monumens de ces bienfaits. La barbarie des Turcs, dans leurs conquêtes, a négligé ces
foins ; ils ont penfé à foumettre l'Egypte, & non à la
conferver avec fes avantages ; auffi leur négligence a-
t-elle formé une fource intariffable de pefte.

Varron, de re rufticâ, lib. I, cap. XII, confeille aux
poffeffeurs d'héritages fitués dans des vallées où les vents
ne parviennent point & où les marais font naître beaucoup
d'exhalaifons , de les vendre ou de les abandonner. La
Tofcane étant inondée d'eau & très-chaude , Pline nous
apprend dans fes lettres qu'elle étoit par cette raifon
regardée comme mal faine. Elle l'eft même encore , au
point que l'air y affecte extrêmement la vue. Vitruve
dans fon Architecture , confeille de conftruire les maifons de campagne fans avoir de vue vers les marais à
caufe des exhalaifons.

Hipocrate a regardé cette malignité des marais comme
le germe des maladies peftilentielles. M. Gardane, dans
une hygienne abrégée, dit de cette réunion de chaleur

& d'humidité : » De là viennent ces épidémies si com-
» munes & ces diffenteries opiniâtres qui dévaftent les
» campagnes «.

M. Raulin dit auffi , » qu'on voit très-fouvent fe
» répandre des maladies épidémiques près des endroits
» où les eaux ont croupi , après les débordemens des
» rivieres «. Selon M. Senac , fous l'Empereur Fré-
déric II , des pluies continuelles enflerent beaucoup les
eaux du Tibre , & le débordement fut fuivi d'une pefte
qui défola la ville de Rome , où , de vingt malades ,
à peine en échappoit-il un à la violence du mal. Les
habitans d'Orviete , de Balnéorégio , de Pefaro , de
Forenfo , fubirent le même fort. Au quinzieme fiecle ,
le débordement des rivieres répandit ce fléau dans toute
la Sicile.

En Corfe , on a vu périr des Grenadiers pour avoir
refté cinq ou fix jours feulement dans le voifinage des
marais d'Aleria , de Sagonne , &c.

Selon l'avis aux gens de la campagne , par M. Didelot ,
la plûpart des maladies inflammatoires font occafionnées par
l'air mal fain qu'on refpire ; il fait infiniment plus de mal
au corps que les fautes qu'on commet contre le régime.
Les eaux croupiffantes , les amas de boue , les végétaux
corrompus & autres fubftances femblables , y portent l'infection. Les exhalaifons qui en fortent forment journellement des maladies putrides , & font des ravages affreux.
C'eft ainfi que des millions d'hommes fe trouvent em-
poifonnés par la refpiration continuelle d'un air mal
fain.

M. Cofte , dans fon Traité des maladies de poumon ,

dit : » Les endroits où les eaux féjournent, exhalent
» plus ou moins un air mal fain. En été, il tue une
» quantité de perfonnes. Il eft plus redoutable que la
» pefte ; parce que, quand celle-ci s'annonce, tout le
» monde fuit, au lieu qu'on ne foupçonne pas même
» que l'autre puiffe être nuifible, & qu'on le refpire
» conftamment. A combien de maux fâcheux ne font
» pas fujets ceux qui habitent aux environs des marais,
» en été fur-tout ? Vous verrez l'air, le premier prin-
» cipe de la vie, l'être de la mort, dès qu'il n'eft plus
» pur. Tous les Médecins obfervateurs ont par-tout
» reconnu dans les exhalaifons puantes, de quelque part
» qu'elles procedent, une caufe affurée de la deftruction
» de l'efpece humaine «.

M. Betbeder, Médecin à Bordeaux, rapporte dans fes
Mémoires, ainfi que la Société Royale de Médecine, que
deux ruiffeaux, à l'occident de cette ville, formoient un
marais qui occafionnoit prefque tous les ans une maladie
peftilentielle ; le Parlement a été forcé plufieurs fois, pour
fe préferver de la contagion, de tenir fes féances dans
d'autres lieux de fon reffort. La pefte y ayant exercé fes
ravages en 1604, le Cardinal de Sourdis réfolut de délivrer la ville de ce fléau. Ce marais lui en parut la fource;
il en fit faire à fes frais le deffechement, & depuis, la
pefte ne s'eft plus manifeftée à Bordeaux.

L'influence des marais de toute eau croupiffante & du
limon répandu dans les prairies par le débordement des
rivieres, fur la fanté du bétail, étant également reconnue
par tous les Médecins pour être le germe des épizooties,
l'Etat a le plus grand intérêt de le détruire dans fon prin-

cipe. Suivant des réflexions fur la maladie du gros bétail, par la Société des Médecins de Genêve, une épizootie qui avoit commencé en 1711 à Venife, par un bœuf venu de Dalmatie, y détruifit prefque tous les animaux, de même qu'en Milanois où elle avoit auffi régné. Elle en fit périr foixante-dix mille en Piémont ; & s'étant communiquée en France, elle ruina le Dauphiné, le Lyonnois, la Bourgogne, l'Alface, & la Lorraine : toutes les provinces, depuis 1744, ont été ravagées fucceffivement de ces épizooties. La Guienne & la Gafcogne fe reffentent encore de celle qu'elles ont effuyée il y a quelques années. Il eft beaucoup d'exemples qu'une épizootie peftilentielle, fur les beftiaux, a communiqué aux hommes une pefte. Nous en avons un exemple local & très-récent dans la Champagne. Cette province fut attaquée cruellement en 1744, d'une épizootie endémique. L'année fuivante, une épidémie affreufe y enleva un grand nombre de Citoyens.

Il s'eft manifefté depuis quelques années dans la Marche Electorale de Brandebourg, une maladie épizootique contagieufe, dont un des fymptômes eft le brifement des os ; le bétail tombe dans un état de maigreur telle que l'épine du dos perce & fe brife. On a attribué cette maladie à l'ufage d'une plante qu'on a nommée à cet effet *gramen offifragum*. Le favant Gléditfch vient de publier un mémoire, dans lequel il détruit cette opinion ; il prouve que les accidens qu'on a fpécialement attribués à cette plante lui font étrangers ; mais que des marais nouvellement deffé-chés, ne produifant d'abord que des pâturages maigres

&

& dénués des meilleures efpeces d'herbes, forment une mauvaife nourriture pour le bétail , & qu'il s'enfuit une dépravation des humeurs, de laquelle naît une maladie particuliere, dont le ramoliffement & le brifement des os font des fymptômes.

Il eft certain que jufqu'à ce que l'air , le foleil, les gelées aient purifié le fol defféché , les herbes qui y croiffent d'abord ne peuvent être que de mauvaife qualité; mais elles en acquerent bientôt une bonne par le moyen de ces agens, & d'autres encore , tel que le feu par le brûlement des plantes fur le fol.

On feroit un grand nombre de volumes, fi l'on rapportoit tous les défaftres que caufent les marais.

Il n'eft aucun doute que les vapeurs des marais , portées à un certain degré de corruption , ne foient mortelles ; & il fe trouve en France tant de ces cloaques empeftés, qu'ils doivent fixer l'attention du Gouvernement.

Mais que ne doit-on pas attendre à cet égard de Sa Majefté, qui, depuis fon avénement au trône, n'a ceffé de donner des preuves de difcernement & de fageffe? Les defféchemens qu'elle a fait faire aux environs de Rochefort ; les encouragemens qu'elle donne pour la conftruction des canaux de Bourgogne & de Bretagne ; les Commiffaires de l'Académie des Sciences qu'elle vient de nommer pour l'examen des feuils de différens canaux de communication , à conftruire entre la Loire & la Seine; la protection qu'elle a daigné accorder à notre Traité général , en agréant qu'il parût fous fes aufpices, font d'heureux préfages qu'elle daignera accueillir notre Plan général d'adminiftration, pour la

D

liberté & les progrès de la Navigation intérieure, d'où résultera le desséchement de la plus grande partie des marais ; ces opérations seront les monumens les plus durables de la gloire de Sa Majesté, & contribueront au bonheur de ses peuples & de la postérité.

La France est le pays de l'Europe qui jouit des plus grands avantages par son heureuse situation, sa fertilité & la variété des productions de son sol. Avec ses fleuves & la multitude de rivieres dont elle est arrosée, on peut facilement établir une Navigation circulaire, qui vivifieroit toutes les parties languissantes, & communiqueroit aux quatre mers. Il est, dans ce superbe Empire, comme l'a dit (1) le Ministre des Finances, DE GRANDES RESSOURCES ! Pourquoi différer d'en faire usage ? Toutes celles que déploient les Puissances de l'Europe par leur sage administration rurale, nous invitent à sortir de notre inertie à cet égard.

Ce ne peut être que dans le sol de la France que ce Ministre apperçoit, comme nous, de grandes ressources ! C'est donc sur cet objet fécond & inépuisable, négligé dans beaucoup de cantons, que l'Administration doit porter ses regards. Le sol se divise naturellement en trois parties de première nécessité, l'Agriculture, la Navigation, & la Minéralogie ; chacune d'elles mérite les premiers soins du Gouvernement, puisque toutes les autres parties de l'Administration en dérivent. Il n'y a eu jusqu'ici que celle de la Minéralogie, qui ait fixé particulièrement son attention ; on en a formé

_____

(1) Discours à la Chambre des Comptes, à son avénement au Ministère.

un Département qui en affure les progrès. La néceffité abfolue de ce Département ayant été reconnue, celle d'un pareil établiffement fe fait encore bien
plus fentir pour les deux premieres parties : leur importance, à tous égards, & les abus de tous genres qui y
regnent, l'exigent abfolument. Ce n'eft que par des
adminiftrations particulieres & des encouragemens, que
l'on peut retirer de ces trois parties du fol, les avantages
immenfes qu'elles préfentent à la fociété. On fait que,
dans toutes Adminiftrations générales, on doit d'abord
penfer aux befoins du préfent ; mais cela n'empêche pas
un grand Adminiftrateur de s'occuper des divers objets
qu'elle embraffe, fufceptibles de grandes améliorations,
par les moyens puiffans que nous préfentons dans cet ouvrage.

Dans un Empire agricole, l'Agriculture doit être la
bafe de l'adminiftration ; toute autre bafe eft fyftéma-
tique, & ne peut jamais conduire au but que fe pro-
pofe le Gouvernement. Tout fuit l'Agriculture ; population, induftrie, commerce, profpérité, crédit & force.
Il n'eft aucune différence de l'adminiftration d'un empire à celle du domaine d'un particulier ; fi celui-ci
donne tous fes foins à l'amélioration de fes terres, elles
lui rapporteront d'abondantes & excellentes récoltes qui
le rendront infailliblement opulent ; fi, au contraire,
il néglige fes terres, le produit diminuera fucceffivement ; & il fe trouvera dans peu réduit aux emprunts
pour fatisfaire aux charges & à fes dépenfes ordinaires ;
les premiers emprunts en néceffiteront de nouveaux, &
bientôt il éprouvera fa ruine. C'eft ainfi qu'arrivent éga-

D ij

lement, ou la profpérité des empires agricoles, ou l'embarras des Gouvernemens & la mifere des peuples.

Henri IV & Sully ne virent la profpérité du royaume & le bonheur des peuples que dans l'Agriculture qui fut invariablement la bafe de leur adminiftration. Si Louis XIV & Colbert n'y donnerent pas les mêmes foins, ils furent habilement tirer parti des récoltes abondantes que leurs prédéceffeurs avoient affuré à la nation, par des avances & des travaux ; ils établirent des fabriques, firent fleurir les arts & ouvrirent des débouchés au commerce; ce fut ce qui donna un nouveau degré de puiffance à la monarchie, malgré les longues & difpendieufes guerres que l'État eut à foutenir.

L'unique bafe de l'adminiftration du roi de Pruffe, eft la réunion des principes de ces grands adminiftrateurs de la France. Ce monarque a toujours été convaincu que dans un État agricole, l'Agriculture étoit la fource de toutes les richeffes ; que les avances & les travaux du Gouvernement, contribuoient beaucoup plus aux progrès de l'Agriculture que tous les foins du propriétaire foncier & du cultivateur, dont la plupart font dans l'impuiffance, non-feulement d'entreprendre des défrichemens, mais encore d'améliorer leurs terres cultivées ; qu'on ne pouvoit augmenter la population, l'induftrie & le commerce que par l'Agriculture. Un adminiftrateur des finances ne doit point oublier cet axiôme, *qu'il faut femer pour recueillir.* Auffi ce prince en bon pere de famille, a-t-il deftiné annuellement des fonds confidérables aux progrès de chaque branche d'adminiftration, particuliérement à l'Agriculture & à de nouveaux débouchés de Navigation intérieure. C'eft par ce moyen qu'avec des États bornés, il a accru fa puiffance au point où elle eft aujourd'hui, & qu'il a rendu fes fujets heureux. Avant fon regne, il y avoit peu de fabriques dans fes États, prefque point de commerce, & les arts n'y étoient point cultivés ; maintenant tous ces objets y font floriffans. Cette grande profpérité eft due aux lumieres & aux foins paternels de ce monarque, qui ne néglige aucun moyen d'encourager l'Agriculture, les fabriques, le commerce & toutes les branches d'induftrie. Les fommes qu'il a accordées pour l'amélioration de fes États, depuis le mois de Juin 1784 jufqu'au mois de Juin 1785, montent à deux millions deux cent trente-fix mille cent cinquante-fix écus, repartis de la maniere fuivante : à la Marche Électorale, fept cents trois mille deux cents trente-fix; à la nouvelle Marche, cent foixante-treize mille cinq cents; à la Poméranie, deux cents trente-neuf mille quatre cents foixante-dix ; à la Pruffe orientale & occidentale, fix cents quatre-vingt-fix mille deux cents vingt-cinq ; à la Siléfie, cent cinquante mille livres ; au Duché de Magdebourg, foixante-dix mille ; à la Weftphalie & à l'Oft-frife, deux cents treize mille fept cents vingt-fix écus.

Il eft démontré, par un mémoire très-intéreffant, dont le baron de Hertzberg, miniftre d'État, a fait lecture dans la derniere affemblée de l'Académie, concernant la population des États en général, & celle des États Pruffiens en particulier, que la population actuelle des États du roi, eft de fix millions d'ames; que celle de ſes anciens États, qui, avant ſon avénement au trône, n'étoit que de deux millions deux cents mille habitans, eſt à préſent de quatre millions. » Il étoit » réſervé, dit ce miniſtre, au grand roi, dont nous » célébrons aujourd'hui le quarante-ſeptieme anniverſaire » de ſon regne, non-ſeulement de rétablir & de dou- » bler, malgré ſes longues guerres, la population de » ſes anciens États héréditaires, mais encore de la tri- » pler par les provinces nouvellement acquiſes «.

Il eſt auſſi démontré par cette population & celle de la France, qui, ſelon les calculs de M. Moreau, doit avoir vingt-quatre millions d'habitans, neuf cents vingt-neuf mille naiſſances & ſoixante-dix-neuf mille trois cents morts, que les États pruſſiens ont eu un excédent de naiſſances deux fois plus grand que la France, & par conſéquent un progrès de population très-conſidérable dans la même proportion. Si c'eſt une perſpective agréable aux vrais citoyens des États de Pruſſe, elle eſt affligeante pour nous : rien n'eſt donc plus important que d'examiner les cauſes de cette langueur de population en France, & d'y remédier par tous les moyens poſſibles. Nous allons reprendre la ſuite des moyens dont le roi de Pruſſe s'eſt ſervi pour augmenter la population & le bonheur de ſes ſujets, en ſuivant toujours ſon miniſtre lumineux.

» L'Agriculture, dit-il, étant le moyen le plus ſûr » d'augmenter la population, le roi n'a ceſſé pendant » tout ſon regne, de faire rebâtir les villages & les » métairies, qui avoient diſparu par l'injure des tems » paſſés, & d'en faire bâtir même de nouveaux,

» tout le long des rivieres. La plupart de ces rivieres
» ayant débordé dans les anciens tems, & inondé
» beaucoup de terrein fertile, il les a fait refferrer par
» des digues, & a retiré par ce moyen un nombre
» immenfe d'arpens de terres cultivables & d'excellens
» pâturages, & les a donnés *gratis* à des colons, la
» plûpart étrangers, en leur faifant encore bâtir des
» maifons & acheter le bétail, & tout ce dont ils
» avoient befoin pour leur établiffement, & en leur
» accordant de longues franchifes d'impôt & d'enrô-
» lement «. Le dénombrement de ces établiffemens &
défrichemens exigeroit un volume. Le prince s'occupe
actuellement à faire deffécher & défricher les marais du
Dromling, terrein inacceffible dans la vieille Marche,
au moyen de quoi on compte rendre à l'Agriculture
jufqu'à cent vingt mille journaux ou arpens de terres
cultivables & de pâturages. Pour ces différentes entreprifes & améliorations, le roi a fait bâtir nouvellement
environ fix cents villages & hameaux; il a établi quarante-
trois mille familles fur de nouveaux fonds de terre;
en comptant cinq perfonnes par chaque famille, on
aura une augmentation de deux cents quinze mille perfonnes; & il faut obferver que les deux tiers de ces
colons ont été des étrangers.

De plus, ce monarque a avancé à un grand nombre
de gentilshommes & de poffeffeurs de terres dans les
Marches, en Poméranie & en Siléfie, des fommes mon-
tant à plufieurs millions, dont M. le Baron de Hertzberg a donné les détails dans des mémoires précédens,
pour les mettre en état de défricher & d'améliorer leurs

terres, & d'y établir des colons. Sa Majesté leur a donné ces fommes ou purement en préfent, ou à raifon de 1 & 2 pour cent d'intérêt, dont le produit eft deftiné pour des penfions de Maîtres d'Ecole & de veuves ou filles de pauvres officiers. Par ce moyen, il eft parvenu à faire défricher & mettre en culture prefque tout ce qui en eft encore fufceptible & qui en vaut la peine.

Quel contrafte avec un fyftême tout récemment mis au jour en France, pour tirer des habitans des campagnes jufqu'au dernier fol, & les mettre par ce moyen dans l'impuiffance d'entreprendre aucune amélioration de leurs terres, & de réparer fur le champ les pertes affez fréquentes & des beftiaux & des récoltes : fi on ne favoit pas à qui appartient une pareille idée, pourroit-on croire qu'elle fût fortie de la tête d'un auteur célebre ? Tous fes autres fyftêmes & les épithetes indécentes qu'il donne (1) aux propriétaires fonciers & riches, ne font pas mieux réfléchis. Il eft bien étonnant que l'auteur qui préfente tant de moyens pour une réformation générale dans l'adminiftration du royaume, n'en donne aucun pour le rétabliffement de deux branches importantes, la Navigation intérieure & les bois qui font dans un état affreux par les abus multipliés qui y regnent ; admi-

(1) Ce font, dit-il, des lions, des bêtes féroces qui s'élancent fur le peuple pour le dévorer. (Effai fur la Légiflation du Commerce des grains, pag. 147 & 149.) S'il eft quelques-uns de ces particuliers qui méritent ces dures qualifications, elles ne peuvent être appliquées au général de cette claffe de citoyens, par deux raifons très-plaufibles ; la premiere, qu'elle agiroit à tous égards contre fes intérêts ; la feconde, que le François eft bon ; vérité dont l'auteur convient enfuite dans fon dernier ouvrage. Mais eft-ce une inadvertence ou une rétractation ? Il faut croire qu'il rend enfin juftice à toute la nation, fur-tout à la claffe de citoyens qui en eft l'âme.

niftration

niftration qu'il a pris fous fa fauve-garde. ,, On dé-
,, clame , dit-il , mal - à - propos contre elle. *Voyez* le
,, Compte rendu, pag. 50 & fuiv. « Il paffe encore légé-
rement fur le defféchement des marais , cette opération fi
importante à tant d'égards ; il dit cependant que quand
le Roi aura cinquante à foixante millions de plus à difpofer , on pourra faire quelque chofe : mais fera-ce , fuivant fon fyftême , lorfqu'il aura tiré ces fonds des habitans des campagnes , qu'il efpere voir faire des progrès
à l'Agriculture ? Il opéreroit à coup fûr le contraire: c'eft
donc ignorer abfolument la vraie bafe de l'adminiftration.
Revenons à notre digreffion intéreffante , qui feule fait la
critique fans replique des fyftêmes de l'ex-adminiftrateur,
& doit éteindre l'enthoufiafme qu'ils ont excités.

Le Roi de Pruffe ne s'eft pas borné aux bienfaits
dont nous venons de faire l'énumération ; il a encore
donné en ferme héréditaire à toutes fortes de cultivateurs plus de trois cents métairies ou poffeffions de fes
propres domaines, en les féparant de fes grands bail-
liages. C'eft un des moyens , dit fon miniftre, les
plus propres & les plus prompts pour augmenter la
population , parce que plus les poffeffions font petites &
partagées , plus elles nourriffent d'hommes , & il n'eft
pas douteux que cette opération ne foit continuée.

Il a beaucoup favorifé l'Agriculture , en autorifant &
en encourageant , même par des prix, l'abolition des
communes & la féparation des fonds de terres & des
pâturages , dont un feul propriétaire peut tirer infiniment plus de parti que quand il les poffede en com-
mun avec d'autres. Cet arrangement très-difficile , a

E.

pourtant été exécuté dans beaucoup de villages, & se continue chaque année.

Sa Majesté Prussienne tend & parvient au même but, en faisant distribuer des semences de luzerne, de trefle & de lupin à tout cultivateur qui en demande, en faisant acheter un grand nombre de bestiaux, en faisant bâtir des maisons ou des chambres pour les petits particuliers qui s'adonnent à la culture des mûriers & qui élevent des vers à soie, & en faisant distribuer tous les ans des sommes considérables en prix & en gratifications pour encourager les cultivateurs à toutes sortes d'industrie rurale.

Voilà donc la science d'administration du Roi de Prusse, qui étoit celle d'Henri IV & de Sully, de Louis XIV & de Colbert : on voit qu'elle est simple, & qu'il ne faut pour l'exercer que la droiture, l'intégrité, le zele pour le bien public & le bon sens. Ceux qui parent leur prétendue science d'administration par des déhors remplis de mysteres, savent bien que l'ignorance est la mere de l'admiration, & que d'avoir gagné ce pas sur les hommes, c'est le dégré le plus sûr pour monter à la fortune : aussi affectent-ils un langage particulier ; ils parlent en oracle, & jamais ne font connoître la raison de ce qu'ils disent ; leurs vues sont couvertes d'un voile épais qui les rend impénétrables au vulgaire ; ils promettent des choses surprenantes, qui, par leur nouveauté & par leur exécution mystérieuse, éblouissent les stupides. La science des premiers se montre au grand jour : augmenter les récoltes annuelles & diminuer les frais de transports par de nouveaux débouchés de Navigation intérieure, encourager l'induſtrie, multiplier les branches du commerce extérieur ; voilà leur ſcience, qui opere infailliblement un accroiſſement de population, de richeſſe & de force aux empires, ainſi que le bon ſens le dicte, & que l'expérience le démontre.

Nous le répétons encore ; tout adminiſtrateur des finances d'un État agricole doit être bien convaincu qu'il n'eſt point de richeſſe plus ſûre ni plus précieuſe que le ſoc fécond de la charrue, & qu'avec ce principe d'adminiſtration, il ira droit au but qu'on doit lui ſuppoſer, celui de faire le plus grand bien de l'État. Après que le Prince aura tiré de ſes revenus la ſomme pour les dépenſes de ſa maiſon, la ſomme pour l'entretien de ſon armée, la ſomme pour rendre la juſtice, il doit en tirer de ſuite la ſomme pour opérer l'amélioration du ſol & pour répandre des encouragemens ſur l'induſtrie des habitans des campagnes ; l'État fût-il même dans la néceſſité d'emprunter pour faire face à une partie des autres dépenſes ; parce que ce n'eſt que de cette partie des revenus verſés ainſi dans les provinces, que les habitans peuvent accroître, les uns d'aiſance, & les autres de richeſſe, ainſi que le Souverain, qui retirera, ſans contredit, plus de cent pour cent de ſes avances. Ne cherchons pas d'autre exemple de cette vérité, que celui que nous en donne un des plus grands Monarques qui exiſte & qui ait exiſté.

Les vues qu'annonce Sa Majeſté Louis XVI, par l'arrêt de ſon Conſeil du 29 Mars dernier, portant établiſſement d'un Bureau deſtiné à former les états de la balance du commerce de fon royaume, à faire les recherches & obfervations fur les gênes qu'il éprouve, & fur les accroiffemens dont il eft fufceptible, affurent affez que ce font auffi là fes principes d'adminiftration. Au furplus, les deux parties que nous traitons dans cet ouvrage, étant la bafe de toutes les opérations que pref-crit cette loi pour l'accroiffement du commerce, il n'eft pas douteux que c'eft fur elles que le Gouvernement doit porter fes premiers regards.

L'État étant toujours prêt à oppofer à fes voifins une égalité ou une fupériorité de forces militaires pour re-pouffer toute entreprife qu'on oferoit tenter, il eft éga-lement de la fageffe du Gouvernement d'éviter que celle des autres ne parvienne à affoiblir fes finances, le nerf de tout corps politique. Pour cet effet, il doit tou-jours s'occuper à augmenter l'exportation des objets de fon crû, & chercher à diminuer celle du dehors. Il en eft plufieurs, tels que les bois de conftruction & de mâture que la France poffede dans fon fein, & qu'elle pourroit fe difpenfer de tirer de l'étranger, au moyen de nouveaux débouchés de navigation & d'une bonne adminiftration de fes forêts.

Elle devroit regarder comme un prodige les forêts qu'elle poffede en Corfe, qui font peuplées de pins de même effence que ceux que la Marine tire de la Norwege, de la Pologne & de la Ruffie, à des prix exhorbitans. Cependant on a regardé jufqu'ici cet objet important avec la plus grande indifférence. Nous ne craignons pas d'avancer que cette île eft fufceptible des productions les plus précieufes, tant par fon climat que par fon

fol. Il eft depuis Baftia jufqu'aux extrémités du Fieu-
morbo, une plaine fuperbe, de vingt-cinq lieues de
long, le meilleur fol poffible, qui vraifemblablement
produiroit du tabac d'excellente qualité, & en quantité
fuffifante pour la confommation de la France. Cette
production dans cette île n'occafionneroit aucune con-
trebande, par la grande facilité de l'empêcher; & ce
feroit un moyen sûr pour y augmenter la population, & diminuer confidérablement la maffe des objets
d'importation dans le royaume. A quoi nous fert donc
d'être favorifés par la nature & les circonftances, fi nous
n'en profitons pas? Ouvrons des débouchés de Navigation intérieure, comme nous l'avons dit dans notre effai;
defféchons nos marais, défrichons nos landes, rétabliffons
nos forêts dévaftées; tirons parti de celles que le dé-
faut de débouchés nous rend inutiles, & fouillons
dans les entrailles de la terre; cela vaudra beaucoup
mieux que la conquête de la plus vafte région du nouveau Monde, & que des projets fyftématiques. Alors
on verra dans les contrées défertes de la France, fuc-
céder aux eaux ftagnantes & à d'immenfes bruyeres,
de riches moiffons & de belles futaies; on y verra s'é-
lever quantité de manufactures, & le commerce y devenir des plus floriffans.

L'emploi du charbon de terre devenant de plus
en plus un objet important pour la France, tant par
la quantité de mines que l'on découvre journellement,
que par la rareté du bois auquel ce charbon peut
fuppléer en grande partie, & que de plus il produit
un goudron excellent, doit être encore un puiffant

motif pour déterminer le Gouvernement à mettre la
derniere main à l'exécution du plan que nous préfentons pour l'extenfion de la navigation fur nos
fleuves & rivieres; cette production précieufe, comme
tant d'autres, étant de nature par fon poids & fon prix
à ne pouvoir être tranfportée que par eau dans les lieux
de confommation.

M. Thouvenel nous apprend qu'il a découvert en
1784, quarante-une mines de charbon de terre dans
l'étendue de neuf ou dix provinces; & la fuite déjà
connue de ces mines eft de plus de cent quatre-vingt-
cinq lieues. Ce Phyficien avoue que ces découvertes intéreffantes ont été faites par le fieur Bleton; ce qui
fait voir que ce citoyen ne méritoit pas les farcafmes
injurieux qu'un critique âpre, toujours malheureux dans
fes jugemens, lui a prodigués, ainfi qu'à plufieurs autres
perfonnes qui n'ont pas moins mérité l'eftime de leurs
concitoyens.

Aujourd'hui, il eft parmi toutes les puiffances de
l'Europe une fi grande émulation pour tous les établiffemens utiles, qu'il femble que chacune veuille abfolument fe paffer des productions des autres. On ne fauroit fe diffimuler que l'Agriculture, les arts, les manufactures, le commerce, l'induftrie en général, n'y
faffent des progrès rapides au détriment de la France.
Mais lorfque celle-ci voudra profiter des faveurs dont la nature l'a comblée, alors tous les efforts de ces puiffances
ne fauroient empêcher qu'elles ne foient toujours fes
tributaires, & que cet empire ne s'éleve au plus haut
degré de fplendeur!

Pour parvenir à ce but glorieux, il ne fuffit pas que quelques provinces s'occupent de deux ou trois grandes communications ; c'eft au Gouvernement, à l'exemple (*a*) récent de grandes puiffances, à embraffer L'ENSEMBLE de cette partie importante & à en former un départe- ment particulier avec un Corps d'Adminiftration pour en diriger toutes les opérations, étant de toute néceffité que ces opérations foient fuivies conftamment, & aillent uniformément, puifqu'elles ont par-tout le même in- térêt ; il faut qu'en établiffant des communications par des canaux, on s'occupe en même tems de la liberté & de l'extenfion de la navigation fur tous les fleuves & rivieres qui en font fufceptibles; ce qui ne peut abfolument s'opérer que par une adminiftration particu- liere dégagée de tout autre foin. C'eft par ces opérations, qui mettront en valeur toutes les parties du fol, ainfi que fes productions, que l'État fe procurera des ref- fources immenfes & permanentes qu'on chercheroit en vain ailleurs.

Cette adminiftration, après fon établiffement, qui feroit peu difpendieux, rempliroit à la fois, fans avoir recours aux finances de Sa Majefté, ni à aucune impo-

(*a*) L'Impératrice Reine établit en 1777 un département de la Navigation intérieure, & créa un corps d'officiers pour exercer la police dans cette partie ; & les ingénieurs n'ont jamais été chargés que des ouvrages d'art.

Catherine II, à laquelle rien n'échappe pour l'adminiftration de fon vafte empire, a également, l'année derniere, établi un département de cette partie intéreffante, & cinq autres, dont chacun a auffi pour objet l'encouragement & les progrès de quelque branche d'induftrie; elle met, avec raifon, celui de la Navigation intérieure, après celui de l'Agriculture : on fait monter les dépenfes de ces utiles établiffemens à la fomme de 150,000 roubles par an.

fition fur fes peuples, trois objets importans ; l'exercice
de la police fur tous les fleuves, rivieres & canaux;
l'extenfion de la navigation, & le defféchement des
marais ; d'où réfulteroient évidemment la conquête de
pays immenfes qui, fous peu de tems, feroient floriffans ; une augmentation confidérable dans la population, les propriétés, & dans les objets d'exportation ;
de l'aifance parmi le peuple ; un grand accroiffement
de revenu pour le Roi ; des milliers d'hommes & de
chevaux rendus à l'Agriculture ; un grand nombre de
matelots de plus ; une épargne confidérable dans l'entretien des routes, fur le tranfport des fels & du tabac,
fur les convois militaires, & fur l'approvifionnement
des ports & arfenaux.

On ne peut difconvenir qu'on n'auroit jamais eu les
belles routes, les fuperbes ponts, dont eft décorée la
France, fi l'on n'avoit pas formé une adminiftration
particuliere pour cette partie. On n'a rien épargné à cet
égard ; des fonds permanens ont été affignés à ce département ; un corps d'ingénieurs y a été attaché pour
l'exécution des travaux, & tout a répondu à l'attente
du Gouvernement.

On a tout ofé entreprendre ; des collines fans nombre ont été applanies, des montagnes ont été coupées
pour établir de grandes routes dans des lieux inaccef-
fibles jufqu'alors. C'eft à un feul homme, à Trudaine,
que la nation eft redevable de fi grands bienfaits : on
eft étonné, en parcourant de fi belles voies, de ne
pouvoir y contempler la ftatue de cet homme immortel.
Tout fait voir qu'il n'eft aucun obftacle qu'un Roi puiffant

&

& citoyen, fecondé d'un miniftre d'une ame élevée, ne puiffe furmonter.

Mais par quelle fatalité n'a-t-on rien fait pour la Navigation intérieure ? Tandis qu'on s'occupoit à ouvrir des communications par terre, on abandonnoit à l'avidité des riverains les fleuves & les rivieres, dont les voies données par la nature font infiniment plus précieufes que celles de terre. Il eft inconteftable que toute partie majeure d'adminiftration, tombe dans le dépériffement, fi elle n'eft dirigée par un département particulier, uniquement occupé de fes progrès.

OBSERVATIONS

SUR L'OPÉRATION PARTICULIERE

Ordonnée par le Gouvernement, pour préparer l'opération générale.

L'ESSAI (*a*) fur la Navigation intérieure de la France, que nous avons préfenté au Gouvernement, en 1779, abrégé d'un ouvrage de vingt années de recherches & de travaux, a fixé fes yeux fur cette partie, jufqu'alors fi négligée, & cependant fi intéreffante pour toutes les branches de l'adminiftration.

Le Confeil, avant de faire une opération générale, a cru devoir la préparer par une opération particuliere :

(*a*) Chez Cellot, Imprimeur-Libraire, rue des Grands-Auguftins.

F

il a choifi la Garonne (*a*) à cet effet, comme le fleuve dont la navigation étoit la plus intéreffante, & fur le cours duquel il y avoit le plus d'obftacles, quoiqu'il y eût une police établie par un réglement de 1733, dont l'exercice étoit confié aux Ingénieurs des Ponts & Chauffées. Sous le miniftere de M. Joly de Fleury un corps d'adminiftration a été formé ; Sa Majefté a daigné nous honorer de fa confiance, & nous a nommé Confervateur général de la Navigation de ce département, fous les ordres de M. l'Intendant des Ponts & Chauffées, & des Commiffaires départis des généralités que la Garonne arrofe.

L'arrêt du Confeil portant réglement pour cette police, a pris toutes les précautions néceffaires pour éviter les inconvéniens qui avoient rendu fans effet les loix précédemment faites pour cette contrée du royaume (*b*).

(*a*) Ce fleuve prend fa fource en Efpagne dans la montagne de Montgari, à l'entrée de la plaine de Beret, à Œil de Garonne, & defcend par la vallée d'Aran. A Salarduc, à une lieue de fa fource, on commence à faire flotter à bois perdu. A Cazaril, deux lieues au-deffous de Salarduc, & à fix lieues & demie de la frontiere, au Pont du Roi, il devient navigable pour radeaux d'un feul train ; mais à Bouffol, quatre lieues au-deffous de Cazaril, cette navigation eft interrompue fur environ trois cents toifes de longueur, par des roches qui forment des cafcades, & refferrent extrêmement le fleuve ; on ne peut pas même entreprendre de lever cet obftacle. Au-deffus on décompofe les radeaux pour tranfporter les bois par terre à Expaillias, demi-quart de lieue au-deffous de Bouffol, où ils font reconftruits par des mariniers de Fos, le premier village françois que l'on trouve en venant d'Efpagne. On verra enfuite ce que l'on dit de fon cours en France.

(*b*) La lettre d'un Subdélégué de la généralité de Guienne à M. le Duc de ***, au fujet des remontrances du Parlement de Bordeaux, fur les corvées, page 3 & fuivantes, porte, relativement à la Garonne, ce qui fuit.... » Rien » enfin ne paroiffoit plus indifpenfable que de pourvoir promptement à nombre

   » C'eſt pour n'avoir pas aſſez diſtingué (porte l'inſ-
» truction qui nous a été donnée) ce qui concernoit l'art
» & ce qui regardoit la police, que le réglement de
» 1733 eſt demeuré ſans effet «.

   L'inſtruction ajoute: » Tout ce qui appartient à la
» police eſt attribué aux Officiers de la Navigation, ceux
» des Ponts & Chauſſées n'ont point à s'en mêler, «
& plus bas: » Cet article devient LE POINT FONDA-
» MENTAL de la préſente inſtruction, l'intention du
» Miniſtere étant d'écarter avec ſoin toute occaſion &
» tout prétexte d'entrepriſe quelconque de la part des
» Officiers de la Navigation ou de ceux des Ponts &
» Chauſſées ſur ce qui ne les concerne pas. « Le
Conſeil a reconnu qu'une police comme celle de la
Navigation intérieure, qui embraſſe une infinité d'objets
contentieux, ne pouvoit être exercée par des Artiſtes,
& que des Officiers qui avoient les connoiſſances pour
s'en acquitter dignement, n'avoient pas les talens pour
exécuter des ouvrages d'art.

   D'après cet expoſé, il eſt évident que la conſerva-
tion des bornes poſées entre les fonctions des uns &
celles des autres, doit être la baſe du ſervice reſpectif
& la ſource des avantages qui doivent réſulter des
opérations.

» d'abus de tous genres qui tendoient à ruiner une navigation auſſi intéreſſante.
» Le Gouvernement croit en conſéquence devoir s'en occuper, & après avoir
» paſſé trois ans à méditer le projet, après avoir conſulté les États de Lan-
» guedoc & les Adminiſtrateurs de quatre grandes provinces, il fait publier un
» réglement, dont l'étendue & les diſpoſitions annoncent aſſez que tout a été
» prévu, & qu'avec le tems on parviendra à remédier à tout «.

Pénétrés de la fageffe de ces principes, dictés par l'expérience, & pleins du défir de répondre à la confiance du Gouvernement, nous partîmes vers la fin du mois de Septembre de la même année pour aller à notre pofte. A peine y fûmes-nous rendus, que nous éprouvâmes les effets de l'intrigue, dont ce nouvel établiffement étoit l'objet. Quelques Ingénieurs ne virent en nous qu'un homme, qui alloit exercer des fonctions pour lefquelles ils étoient en poffeffion de recevoir des émolumens. Quoique l'arrêt du Confeil leur défendît de s'immifcer dans nos opérations, fous quelque prétexte que ce fût, il n'eft rien qu'ils n'aient tenté pour parvenir à s'en rendre les vérificateurs, ainfi que de notre comptabilité.

Les Maîtrifes des Eaux & Forêts de Touloufe & de Bordeaux, qui n'avoient jamais réclamé, tant que les Ingénieurs avoient été chargés de l'exercice de cette police, réclamerent enfuite contre le nouveau réglement. Celle de Touloufe qui, dans la vue de nous inculper, s'eft donné miffion pour vérifier nos travaux, & a rempli fon procès-verbal de faits controuvés, démentis en tout par fes propres affertions & par nos opérations mêmes, pouvoit-elle tenir une conduite plus oppofée au caractere de Magiftrats ?

M. de Saint-Prieft le pere, Intendant de Languedoc, dont nous ne pouvons trop nous applaudir d'avoir mérité la bienveillance, nous marque par fa lettre du 8 Avril 1783.... » Je fuis fâché que vous foyez » arrêté par-tout, c'eft-à-dire dans les autres provinces » comme en Languedoc, pour vos opérations...., «

Une autre lettre de ce digne Magistrat, du 21 Juin suivant, porte encore.... » Je ne puis voir qu'avec » peine les entraves que l'on met à l'exécution du nou- » veau réglement....«

L'arrêt du Conseil fut publié & affiché sur tout le cours de la Garonne, six mois avant de commencer notre visite générale & de faire exécuter aucun ouvrage. Quoique sa publicité eût dû, ainsi que nous le marque M. l'Intendant de Languedoc, par sa lettre du 6 Février 1783, suffisamment instruire les propriétaires riverains, meûniers & autres, de leurs obligations, aucun ne se disposa à les remplir.

Nous fîmes encore précéder notre visite & nos tra- vaux, d'avertissemens, qui furent remis à tous les Con- suls des paroisses qui se trouvent sur les rives du fleuve, & qu'ils firent exactement afficher aux portes des églises ; ces avertissemens portoient que les riverains eussent à faire couper de suite les arbres & autres bois qui étoient sur les chemins de hâlage attenant à leurs possessions, conformément à l'arrêt du Conseil de 1782, qui venoit d'être publié ; aucun cependant ne daigna encore s'y conformer.

M. l'Intendant des Ponts & Chaussées, par le *P. S. de sa main*, dans la lettre qu'il nous adressa le 28 Dé- cembre 1782, s'exprime ainsi.... » Je vois avec » plaisir que vous alliez *la prudence & le zele*....« Cette conduite, que ce Magistrat a reconnu si authen- tiquement en nous, n'a jamais varié dans toutes nos opérations.

Tandis que ces Ingénieurs mettoient des entraves à

l'exécution du nouveau réglement pour la police de la Garonne, quelques-uns de ceux des provinces arrofées par la Loire, concouroient au même but; ceux-ci obtinrent pour eux & leurs Commis, l'adminiftration de la police de ce fleuve & des rivieres qu'il reçoit dans fon cours, confiée depuis plus de deux cents ans à un corps d'Officiers de la Navigation. La circonftance dans laquelle on fit cette opération, eft remarquable. Nous venions, ainfi qu'on vient de le voir, d'être chargés d'exécuter l'opération particuliere fur la Garonne, pour préparer l'opération générale pour tout le royaume. A peine avions-nous commencé notre vifite, qu'il fut fait un réglement pour la Loire, qui fe trouve abfolument en oppofition avec celui pour la Garonne, médité pendant trois ans, & rédigé d'après l'avis des États de Languedoc & des Adminiftrateurs de quatre grandes provinces, comme il eft prouvé par la note *b*, page 42.

On conçoit qu'un Magiftrat puiffe ne pas regarder une loi auffi avantageufe que ceux qui l'ont fait, & en folliciter la révocation; mais conçoit-on que le même Magiftrat, fous l'adminiftration duquel la loi a été faite, veuille, fans un nouveau motif, la détruire quelques mois après, & ne pas attendre le réfultat de l'opération qu'elle ordonne? Les maux qui réfultent du mépris que l'on a fait de la loi de 1782, pour la police de la Garonne, font à l'infini, ainfi que le prouve l'état du lit de ce fleuve, & les naufrages qui s'y font journellement. La tranfgreffion des loix, en général, eft l'abus le plus funefte à la fociété, & celui par conféquent qui mérite le plus d'être févérement réprimé : le maintien des loix dans toute leur vigueur, donne à une adminiftration, cette ftabilité, qui augmente fans mefure l'utilité des fages inftitutions.

Voici l'état où nous avons trouvé la Garonne : des obftacles de toute efpece s'oppofoient par-tout à la liberté & à la fûreté de la navigation ; des roches, des fouches, des pieux d'anciennes digues & des atterriffe-mens, provenant des moulins, préfentoient à chaque inftant des écueils au navigateur.

A ces obftacles naturels, & qu'une police active eût pu détruire, s'en joignoient une multitude d'autres provenant des entreprifes (a) des riverains, dans le lit du fleuve ou fur fes bords. La quantité des digues des

_____

(a) Ces faits font confirmés par la lettre du Subdélégué de la généralité de Bordeaux, à M. le Duc de ***, page 3 & fuivantes ; voici comme il s'exprime. » L'état menaçant dans lequel étoit la Garonne, cette mere noufriciere de » la Guienne, excitoit en effet depuis long-tems les plaintes des patrons de » bateaux & de tout le commerce. Des chemins de hâlage fupprimés dans la » majeure partie de fon cours, augmentoient à un point inexprimable les frais » & les dangers de la navigation. L'avidité des riverains les portant journel- » lement à anticiper fur le lit de la riviere, préfentoit d'un moment à l'autre » aux navigateurs de nouveaux écueils. Les propriétaires des moulins à nefs (1) » les tranfportant à leur gré dans le milieu du courant, & les y fixant le plus » fouvent de maniere à ne laiffer le paffage libre que d'un feul côté, occafion- » noient la perte d'une multitude de bateaux & de mariniers.... «

(1) » On nomme ainfi dans le pays les moulins flottans établis fur des bateaux. Il y auroit » beaucoup à gagner pour la fûreté de la navigation à en diminuer le nombre ; mais en atten- » dant, il ne peut y avoir de police trop févere pour prévenir des malheurs de la nature de » ceux qu'occafionnent le déplacement continuel de ces moulins, & l'abus de les amarrer à terre » avec des chaînes de fer, tandis qu'ils devroient fimplement être arrêtés fur des ancres de » fond. «

moulins terriens, qui le barroient entiérement depuis Touloufe jufqu'à la frontiere d'Efpagne, ne laiffoient au navigateur qu'un paffage très-étroit avec une chûte d'eau formant un gouffre prêt à l'engloutir, & rendoit la remontée des bateaux impoffible. Des moulins à nefs, multipliés à l'infini, étoient la caufe de mille périls. Les meûniers les plaçoient à leur gré dans le tems des baffes eaux, au milieu du canal fervant à la naviga- tion, de maniere qu'aucun bateau ni radeau ne pou- voient paffer fans un danger imminent. La fuppreffion des chemins de hâlage, fur la majeure partie du cours du fleuve, obligeoit à tout inftant le malheureux hâ- leur (a) à fe mettre dans l'eau & la boue jufqu'à la ceinture dans la faifon la plus rigoureufe, & à fe faire jour à travers des fourrés de faules & de buiffons fouvent mouillés, couverts de neige & de vert-glas ; la corde de tirage fe trouvant prife à tout inftant par ces bois, joint à la néceffité de repaffer fréquemment d'une rive à l'autre, caufoient des peines & de longs retards au navigateur.

Tant d'entraves & d'écueils fur un des fleuves les plus commerçans de la France, & dont cependant la police étoit confiée depuis près de cinquante ans aux Ingénieurs des Ponts & Chauffées, peuvent faire juger du peu de foin qu'ils ont apporté dans l'exercice, & de

---

(a) Hommes deftinés en même tems au fervice de mer ; & dont le fort fur ce fleuve eft pire que celui du galérien. Outre qu'il eft indifpenfable pour l'in- térêt du commerce que les chemins de hâlage y foient bien entretenus, il eft de l'humanité du Gouvernement d'adoucir par-là, le fort malheureux de ces hommes précieux à l'État,

l'état

l'état de notre Navigation intérieure, pour laquelle on n'a pris en général aucune précaution, tendante à obvier aux abus fans nombre qui fe commettent à fon détriment, à celui de l'Agriculture & du commerce.

D'après cet état des chofes, nous avons fait tout ce que la durée d'une campagne (*a*), les fonds qui nous ont été donnés & le dégré d'autorité qui nous étoit confié, nous ont permis de faire. Les chemins de hâlage ont été rendus libres & mis en bon état fur tout le cours du fleuve (*b*). Les roches, les fouches,

---

(*a*). Si nous n'avions été retenus à Paris par les circonftances, dont nous venons de rendre compte, nous ferions parvenus, à la fin de là troifieme campagne, ainfi que nous l'avions affuré au Miniftere, à lever tous les écueils qui expofent à chaque inftant le navigateur & le commerce à mille dangers, & nous aurions établi la navigation pour bateaux fur douze lieues de cours du fleuve depuis Monrejau jufqu'à Gazeres, où elle fe termine.

(*b*) C'étoit l'opération la plus urgente de l'aveu de l'auteur de la lettre à M. le Duc de ***, ainfi qu'on vient de le voir par la note *a*, page 47.

D'après les ordonnances & le nouveau réglement, les arbres & autres bois qui fe trouvoient dans les chemins de hâlage auroient pu être coupés fur trente pieds de largeur, & par modération, on s'eft reftreint à dix-huit à vingt pieds. Cependant il a plu à la Maîtrife des Eaux & Forêts de Touloufe, en procédant par un fyftème qu'elle s'eft fait à elle-même, de donner à entendre qu'on avoit confidérablement anticipé fur les poffeffions des riverains, en faifant des abattis à quarante, foixante, cent, & jufqu'à deux cents vingt-cinq pieds du bord dè la Garonne : mais la moindre réflexion fuffit pour reconnoître que cette affertion n'eft qu'une équivoque réfléchie.

Ces Officiers ont fuppofé apparemment que tous ceux qui verroient leur procès-verbal feroient dupes de leur ignorance affeétée, & ne fauroient pas ce que c'eft que chemin de hâlage : *ils ne qualifient jamais cette voie que de fentier ; ils affeétent de ne pas connoître le nom de BERGE, de ne pas favoir que dans les parties du cours d'un fleuve ou d'une riviere qui n'eft point encaiffée, il eft de néceffité abfolue pour la navigation, que les hommes ou les chevaux qui tirent les bateaux, aillent fur trois différentes voies, au moins ; l'une, fur le bord du gravier, lorfque les eaux font baffes ; la fe-*

G

les pieux qui préfentoient le plus de dangers au navigateur, ont été enlevés. Les travaux néceffaires pour
rendre libre le cours du fleuve, fans porter aucun pré-
judice aux moulins terriens, ont été indiqués, & nous
avons fixé (a) à tous les moulins à nefs les empla-

---

conde, au haut du gravier, dans le tems des eaux moyennes, & la troifieme
au-delà du bord fupérieur de la berge, qui borne abfolument le lit du fleuve ;
lors des grandes eaux.

Voilà les principes fur lefquels devoient fe diriger les Officiers de la Maitrife
de Touloufe dans la miffion indifcrete qu'ils fe font donnée ; mais ils ont bien
voulu les méconnoître pour dépofer au Parlement un procès-verbal dont le fens
fût équivoque & inculpât les Officiers de la Navigation.

(a) Nous ne pouvions rien faire de plus ; c'étoit enfuite à M M. les Intendans à faire délivrer aux meûniers leurs ordonnances d'emplacemens, d'après
notre procès-verbal & les invitations que nous leur avons faites par lettres, en
leur repréfentant que c'étoit un objet auquel il étoit très-important de pourvoir
fans différer, & fi on n'en a rien fait, ce n'eft point notre faute. Nous avons
rempli & au-delà tous nos devoirs à l'égard des moulins à nefs, comme nous
nous en fommes également acquittés au fujet des moulins terriens, dont les
digues forment, depuis Touloufe jufqu'à la frontiere d'Efpagne, des écueils auffi
dangereux que les premiers. Pendant nos opérations, plufieurs bateaux & radeaux
y ont fait naufrage.

Les maîtres de bateaux & radeliers de la haute Garonne, ont préfenté, depuis notre vifite, plufieurs requêtes à M. l'Intendant d'Auch, fur les dangers
auxquels ils font expofés aux digues des moulins & à certaines roches qu'il
feroit très-facile d'enlever, & à peu de frais.

Au mois de Décembre dernier, vingt maîtres de bateaux ont préfenté une
requête à M. l'Intendant de Languedoc, dans laquelle ils expofent à ce Magiftrat, que dans le mois d'Octobre, il a péri fix bateaux contre les moulins à
nefs dans ce département, & défignent les propriétaires. C'eft abfolument s'a-
bufer que de croire qu'on puiffe laiffer fubfifter ces moulins, dans la perfuafion
qu'on peut concilier leur intérêt avec celui de la navigation ; ils font inévitable-
ment des écueils dans les baffes eaux, en ce qu'ils ne peuvent être placés généralement que dans un fort courant, qui forme un canal très-étroit, le feul
où peuvent paffer les bateaux.

Il eft inconteftable que les moulins à nefs & les digues des moulins terriens

cemens les moins nuifibles à la navigation : enfin, nous fommes parvenus à remplir notre miffion, fans éprouver

---

& des ufines, font le plus grand obftacle à la navigation de la Garonne. Les fréquens accidens qu'ils occafionnent éloignent le commerce & les voyageurs de cette voie intéreffante, la plûpart des négocians préferent d'envoyer leurs marchandifes par terre, & il eft peu de voyageurs qui, en quittant le canal royal, s'embarquent enfuite fur la Garonne, à caufe des dangers que préfentent les moulins à nefs.

Ce qu'on voit de plus révoltant fur ce fleuve, font les deux digues des deux moulins terriens de Touloufe, chef-d'œuvres de barbarie, qui le barrent entiérement, & interrompent toute navigation entre la haute & baffe Garonne. Cependant ces digues font la merveille des Touloufins, & les moulins excitent leur enthoufiafme, au point que quand les actionnaires de celui du Bazacle contractent pour quelque objet qui y eft relatif, ils s'obligent *fur l'honneur du moulin.*

Pour remédier à l'obftacle que la digue de ce moulin met à la navigation, on a conftruit un canal dérivé trente toifes au-deffus de cette digue, & qui joint celui de Languedoc à quatre cents toifes de là, ou environ, par lequel il faut paffer trois éclufes, autre obftacle à la navigation. Il en eft d'autres qui font encore moins fupportables, tels que les enfablemens continuels, & la contrainte où l'on eft à caufe de cet inconvénient, de tenir la porte de ce canal fermée à toutes les crûes du fleuve, jufqu'à ce que fes eaux foient clarifiées. On a d'abord fait un aquéduc à cinq à fix toifes de la dérivation de ce canal pour y attirer les fables ; mais cette précaution n'a abouti à rien ; & on vient d'en faire un fecond qui précede l'entrée, & qui vraifemblablement ne produira pas un meilleur effet que le premier : de maniere qu'en voulant remédier, par ce canal, à l'obftacle de la digue, il en eft réfulté plufieurs inconvéniens qui forment prefque un auffi grand obftacle à la navigation que celui qu'on fe propofoit de détruire, qui ne peut être regardé par des hommes fenfés que comme un meurtre fait à la nature & un vol manifefte à la fociété.

Il étoit un moyen fimple & infaillible, & pour laiffer fubfifter la digue & le moulin, & pour rendre entiérement libre le cours de la Garonne ; ce qui, en même tems, auroit formé un des plus grands embelliffemens dont une ville puiffe être décorée, & n'auroit pas plus coûté à la province que le canal de Brienne & les quais mal entendus qui ont été faits. C'étoit de tirer depuis le pont, de droite & de gauche, un alignement vers ce canal, & détourner le fleuve dans cette direction, lequel feroit enfuite tombé dans fon lit naturel vis-

d'obſtacles que de la part de ceux qui, par état, nous
devoient des facilités & des ſecours. Tous les riverains

à-vis le village de Blagnac, trois quarts de lieue au-deſſous de Touloufe, en
paſſant en plus grande partie ſur un terrein aride appartenant à cette ville. Il
n'y avoit que ce moyen qui pût concilier les deux intérêts, l'exiſtence du moulin & la liberté entiere de la navigation de la Garonne dans cette partie de ſon
cours. C'eſt encore par ce moyen que Touloufe auroit eu ſes deux ports dans
ſon centre, tandis que l'un eſt éloigné d'un quart de lieue de ſes murs.

Il eſt beaucoup d'autres moyens pour avoir des moulins, ſans nuire à la navigation, à laquelle rien ne peut ſuppléer, comme l'a dit l'auteur dans ſon ouvrage préliminaire, page 138; aſſertion dont la vérité ſe vérifie tous les jours.
Il a ajouté que dans toute la province de Dauphiné, il n'y avoit aucune digue
de moulins terriens, les ſeuls dont on y fait uſage, qui barre la plus petite riviere ſeulement, ſuſceptible de la plus foible navigation pour radeaux, ni aucune digue d'uſine. Cette province fait faire cas d'un des dons les plus précieux
de la nature; elle fait concilier ces deux objets de première néceſſité, même
ſans la reſſource des moulins flottans & des moulins à vent. Ainſi les autres
provinces peuvent donc, ſans difficulté, jouir du même avantage, d'autant plus
qu'elles peuvent faire uſage des moulins à vent, qu'on peut aiſément perfectionner, comme vient de le démontrer au Gouvernement M. l'Abbé Fleuri,
Curé en baſſe Normandie, par l'invention d'un nouveau moulin de ce genre.

En Italie, un Religieux, très-habile en mécanique, a imaginé un moulin à
eau d'une forme nouvelle, auſſi ſimple qu'avantageuſe. Une machine, qu'un
ſimple contre-poids fait aller, éleve l'eau de la mer à vingt-ſept pieds, & en
quantité ſuffiſante pour faire agir ſix meules à la fois, & il n'eſt beſoin pour
cet effet que de remonter le contre-poids de la machine au bout de quelques
heures. Ce Religieux ſe préparoit, au mois de Décembre dernier, a faire exécuter à Livourne cette utile entrepriſe. Il paroit que d'après cet eſſai, il ſe
ſera occupé à perfectionner ſa machine; mais nous ne doutons point de la réuſ-
ſite, & qu'on ne puiſſe également en faire uſage ſur les rivieres, ſans nuire à
la navigation. Il ſemble même qu'ayant le ſuccès déſiré, on pourroit parvenir à
la faire aller continuellement, en deſtinant pour agent une partie des eaux
qu'elle éleveroit.

Un meûnier, réſident dans la ſeigneurie de Militſeh en Siléſie, a imaginé
une machine à-peu-près ſemblable à celle de ce religieux, & qui peut beaucoup
concourir au but dont il s'agit. C'eſt un moulin à bled, dont le mouvement ſe
fait & ſe ſoutient par des reſſorts & des poids; il en a conſtruit un modele en

de la Garonne se sont soumis sans réclamations aux
opérations prescrites & exécutées conformément aux
ordres du Roi : un seul particulier de Toulouse, comptant sur le crédit de sa place, a élevé la voix, & trois ou
quatre qu'il inspiroit, se sont joints à lui pour former un
concert de plaintes, consignées dans le procès-verbal
mendié à la Maîtrise des eaux & forêts de cette ville.

Nous avons mis sous les yeux de M. l'Intendant des
Ponts & Chaussées le procès-verbal général de nos opérations, qui comprend & les ouvrages que nous avons
fait faire, & ceux qui restent à exécuter, & dans lequel
nous n'avons omis la discussion d'aucun objet qui pût
intéresser la navigation de la Garonne dans un cours
de plus de cent trente lieues. Nous avons remis
également à MM. les Intendans des quatre généralités,
la partie de ce procès-verbal qui les concerne ; nous
avons trouvé alors une récompense bien flatteuse de
notre zele & de notre exactitude, une compensation bien
avantageuse de toutes les difficultés que nous avions

---

petit, qui a été mis sous les yeux du Roi, & Sa Majesté Prussienne en a ordonné la construction en grand. Cette invention, si elle a le succès qu'on s'en
promet, sera d'autant plus avantageuse, que les moutures pourront se faire en
tous tems, sans dépendre des eaux & des vents. Ainsi, avec tant de moyens
exiſtans, ne peut-on pas enfin débarrasser les fleuves & rivieres des écueils dont
ils sont remplis ?

Au reſte, les Académies du royaume, dont le zele pour le bien public est
reconnu, ne peuvent proposer à l'émulation un sujet plus digne, que celui de
perfectionner de pareilles machines. S'il y avoit eu un département de la Navigation intérieure, il se feroit occupé de cet objet important, comme de tant
d'autres, qui peuvent infiniment contribuer aux progrès de cette branche inté-
ressante d'administration.

éprouvées, dans la maniere dont ces Magiſtrats l'ont accueilli : mais à ces difficultés en ſuccéderent bientôt de nouvelles qui durent encore.

<hr>

OBSERVATIONS

PARTICULIERES

Sur le réglement de 1782, ſur les réclamations des Maîtriſes & des Ingénieurs.

DEPUIS un tems immémorial, il y a eu des ſtatuts & réglemens particuliers de police pour la navigation de toutes les rivieres des généralités d'Auch & de Pau. L'arrêt du Conſeil du 13 Janvier 1733, portant réglement général de cette police, & deux autres arrêts rendus en interprétation d'icelui, les 13 Mars 1736 & 3 Avril 1752, rappellent notamment ces anciens réglemens. Celui de 1733, qui attribue à l'Intendant d'Auch, cette police, & aux Ingénieurs des Ponts & Chauſſées, l'exercice, eſt reſté ſans exécution, non-ſeulement ſur la Garonne, mais auſſi ſur toutes les rivieres des deux généralités. En 1740, la Chambre du Commerce de Bayonne repréſenta au Gouvernement, *qu'une partie de la navigation ſur l'Adour, le Gave de Pau, le Midoux & la Nive étoit interceptée, & l'autre rendue très-difficile par les digues des moulins & les atter-riſſemens, & qu'on ne veilloit point à l'exécution des or-donnances & réglemens.*

Il fut rendu en 1770, un quatrieme arrêt du Conseil qui attribue la police aux États de Languedoc dans la partie du cours de la Garonne qui arrose cette province ; les États en confierent l'exercice aux Directeurs des travaux publics ; & il n'y a jamais eu au sujet de ces réglemens, aucune réclamation de la part des Maîtrises des Eaux & Forêts.

Toutes ces loix n'ayant point produit l'effet qu'on s'en étoit promis, & le Gouvernement recevant sans cesse des plaintes du navigateur & du commerce, chargea un Inspecteur-général des Ponts & Chaussées, & les Ingénieurs en chef des généralités de Guienne & de Gascogne, de faire une visite générale du cours de la Garonne, & d'examiner les causes qui empêchoient que la navigation ne retirât les avantages de la police établie sur ce fleuve. Ces Ingénieurs, après leur opération, prétendirent que le seul moyen d'exercer cette police avec succès, étoit de la distribuer en quatre départemens aux Intendans des quatre généralités, & qu'un seul en eût la connoissance sur les deux rives, quoique l'une de ces rives fût située dans une autre généralité.

Les moyens présentés par ces Ingénieurs sont illusoires à tous égards.

1°. Tout prouve que les Ingénieurs des Ponts & Chaussées ne veilloient point à l'exécution des réglemens, particuliérement les représentations faites par la Chambre du Commerce de Bayonne sur toutes les difficultés qu'éprouvoit la navigation sur les rivieres de la généralité de Pau; la demande des États de Lan-

guedoc à ce que la police fur la partie de la Garonne
qui arrofe leur province, fût diftraite de la police générale, & confiée à leurs Directeurs des travaux publics,
auxquels on a été enfuite également forcé de la retirer.

2°. La propofition des Ingénieurs des Ponts &
Chauffées de diftribuer cette police aux quatre Commiffaires départis, & qu'un feul en eût la connoiffance
fur les deux rives, quoique l'une fût fituée dans une
autre généralité, porte à faux; nous allons le démontrer évidemment par l'expérience, par l'intérêt particulier des provinces, & par l'intérêt général de la navigation.

Suivant le nouveau réglement, les États de Languedoc ont confenti à fournir annuellement foixante mille
livres pour la conftruction des ouvrages d'art, afin de
refferer la Garonne, & de lui donner par-là, eft-il dit,
plus de fond (a), & Sa Majefté a affigné pareille

(a) Le fyftême de feu M. de Garipuy, Directeur des travaux publics de la
Sénéchauffée de Touloufe, qui nous eft connu par les procès-verbaux de vifites
de cet Ingénieur, dans la partie du cours du fleuve qui arrofe le Languedoc,
étoit de redreffer partout fon lit par le moyen des ouvrages que l'on feroit fur
le rivage de cette province, & de le forcer à couler prefqu'en droite ligne le
lông du côteau de Gafcogne: en conféquence, l'on devoit commencer par faire
une coupure à l'efpece d'ifthme du grand contour de Longuetraige, & continuer par celui de Verdun, qui eft de même nature.

On conçoit aifément que ce procédé étoit entièrement oppofé au but qu'on
fe propofoit, de donner plus de fond au fleuve; il eft certain que par cette
opération, cette partie du cours de la Garonne feroit devenue impraticable,
en ce qu'on auroit facilité un plus prompt écoulement de fes eaux, en donnant
infiniment plus de pente à fon lit: ce n'eft abfolument qu'en employant le moyen
contraire, qu'on pourra contribuer à y établir une bonne navigation. Pour cet
effet, l'adminiftration doit veiller, non-feulement à entretenir les finuofités, mais

fomme

fomme à repartir entre les quatre généralités, tant pour la police fur tout le cours du fleuve, que pour les ouvrages d'art dans les départemens d'Auch, de Montauban & de Bordeaux.

Ces cent vingt mille livres, exactement employées aux objets convenables pour dégager ce fleuve des encombres dont il est rempli, font plus que suffisantes pour y établir, fous peu de tems, la plus belle navigation ; mais il faut en exclure les moulins à nefs & les digues des moulins terriens qui le barrent, & fe défabufer que quelques foibles ouvrages ifolés qu'on pourroit faire fur fes bords pour refferrer fon lit, puiffent contribuer à améliorer cette voie, étant conftruits plutôt dans la vue de défendre le territoire, que pour améliorer la navigation. Ces ouvrages, fur-tout dans la partie de fon cours qui arrofe le Languedoc, depuis Touloufe jufqu'à l'embouchure du Tarn, où il n'eft point encaiffé, & où les bords n'ont aucune folidité, ne feroient non-feulement d'aucune utilité à la navigation, mais encore ils deviendroient des écueils très-dangereux;

---

encore tâcher de les multiplier autant qu'il conviendra au bien de la chofe, attendu que c'eft le feul moyen, comme nous l'avons dit ci-devant, de donner plus de fond à un fleuve & à une riviere quelconque. Le vœu du navigateur n'eft pas de parcourir promptement un efpace en courant des dangers ou en éprouvant des difficultés, mais bien de faire le même trajet en beaucoup plus de tems, fans courir aucun rifque : voilà fon véritable intérêt, qui eft également celui du public ; l'intérêt particulier d'une province & des riverains, ne doit pas empêcher de diriger le cours d'un fleuve ou d'une riviere fur le fol le plus favorable pour l'établiffement d'une bonne navigation, & fur-tout pour celle dont on traite ici particulierement, qui eft de la plus grande importance par fa communication avec les deux mers.

H

la plûpart des écueils qui se trouvent dans ce fleuve étant formés de pilotis ou de pieux d'anciennes digues, qui occasionnent la perte de beaucoup de bateaux.

Il n'y auroit absolument que des digues comme celles de la Loire qui pourroient fixer le lit de la Garonne, où il ne l'est pas par la nature ; mais de pareils ouvrages exigent des sommes énormes. Quel est le but du Gouvernement ? d'établir une bonne navigation sur ce fleuve ; on le peut très-certainement avec les cent vingt mille livres qui sont destinées à cet objet important : il faut que les soixante mille livres que doivent fournir annuellement les États de Languedoc, au lieu de les destiner à quelques foibles ouvrages, le soient à l'indemnité de la suppression des moulins à nefs ; & que les soixante mille livres de fonds faits par le Gouvernement, soient exactement employées au nettoyement du lit du fleuve, à l'entretien des chemins de hâlage, & à placer dans les maigres en basses eaux quelques épis flottans ; alors on sera sûr de remplir incessamment le vœu du navigateur & du commerce.

Mais, quand même la construction des ouvrages dont il s'agit, rempliroit ce vœu, est-il naturel de supposer que l'Intendant d'une province, laquelle a son intérêt particulier, emploiera indifféremment une partie ou la totalité des fonds destinés à la navigation, dans une autre généralité que la sienne ? C'est ce qu'on ne pourra jamais se persuader. On croira encore moins que les États de Languedoc employent leurs fonds à construire des digues à la Gascogne pour défendre son territoire au détriment du leur ; il est dans l'ordre que le dépofitaire de l'autorité accorde fa prédilection à la province dont les intérêts lui font confiés.

Il eft un petit diftrict de la province de Languedoc, enclavé dans la haute Gafcogne, qui, pour la police de la Garonne, fe trouve compris dans le département d'Auch ; la petite ville de Valentine, qui en eft le principal lieu, eft menacée d'être emportée par le fleuve, & la navigation y eft très-dangereufe ; croira-t-on que l'Intendant d'Auch, à fon tour, fe décide à employer les fonds de la navigation dont il peut difpofer, à des ouvrages en Languedoc, quelques urgens qu'ils puiffent être, tandis qu'il eft tant d'endroits fur le rivage de Gafcogne où ils font auffi néceffaires ? Ce feroit abfolument s'abufer d'en avoir la plus foible efpérance : par conféquent on ne doit pas s'attendre à la conftruction d'aucun ouvrage refpectif.

Quand même cette police ne feroit attribuée à chaque Intendant que dans fa généralité, il en réfulteroit toujours de grands inconvéniens, parce qu'il n'eft pas poffible de trouver dans tous ces Magiftrats la même maniere de voir pour exercer uniformément la police générale d'un fleuve, ou d'une riviere, où la navigation a par-tout le même intérêt, & qui, négligée fur certains points dans un feul endroit feulement de fon cours, rendroit inutile celle qui auroit été bien exercée par-tout ailleurs : chacun a fa maniere d'adminiftrer, dès-lors il ne faut plus compter fur le bien, qui ne peut réfulter que de l'uniformité des opérations. Voilà en quoi l'arrêt du Confeil de 1782, pour la police de la Garonne, a manqué le but effentiel. Auffi n'avoit-on

H ij

jamais penfé auparavant à morceler cette police, non
plus que celle établie depuis long-tems fur la Loire.
La police de la Seine & de fes affluens, confiée
à la Ville de Paris, n'a jamais été morcelée, quoique, dans ce cas, on auroit beaucoup gagné d'en agir
différemment. Nous ne parlerons pas des autres fleuves
& rivieres, pour lefquels il n'a été fait aucun regle-
ment, & où l'on n'exerce aucune efpece de police.

Le nouveau réglement pour la Garonne, dont les
difpofitions font puifées dans l'ordonnance de 1669,
enregiftrée dans toutes les Cours, eft le premier fur lequel il y ait eu des remontrances des Parlemens de
Touloufe & de Bordeaux, provoquées par les réclamations des Maîtrifes de ces deux villes. Ces remontrances
font mal fondées; on y confond LA JURISDICTION ET
LA POLICE : l'une, qui eft des Tribunaux ordinaires, &
qui, fur les rivieres, a été attribuée aux Maîtrifes ;
l'autre, qui a toujours été exercée par les Intendans,
ou par des Officiers de la Navigation Maires, Éche-
vins, Maîtres des Ports, &c, & que Sa Majefté peut
confier à qui bon lui femble. Le réglement de 1782
ne change rien à la jurifdiction ; il ne s'occupe que de
la police, relativement à la liberté de la navigation. Les
Parlemens y regardent encore fous un faux point de
vue, & comme bleffant les droits de propriété, la coupe
des arbres qui rendoient les chemins de hâlage impra-
ticables ; tandis que des loix folemnelles & la nature
même ont établi ces chemins & affurent leur liberté.

Il eft inconcevable que des Cours fe foient élevées
contre des faits de cette authenticité, & contre des

opérations bienfaisantes du Gouvernement, exécutées avec toute la prudence & la modération possible, ainsi qu'on vient de le prouver par une multitude de faits dont on ne peut contester la vérité.

Les Officiers des Eaux & Forêts n'ont jamais exercé sur les fleuves & rivières la police que les Maîtrises de Toulouse & de Bordeaux réclament aujourd'hui ; il est même généralement reconnu que ce sont eux-mêmes qui ont contribué à la perte de la navigation, en favorisant par leurs avis les concessions de moulins, d'usines, de pêcheries, &c.

En 1783, M. l'Intendant de Languedoc nous demanda notre avis sur la concession de l'emplacement d'un moulin à nefs, faite à un *perruquier* de Grenade ; & nous avons vu que la Maîtrise de l'Isle-Jourdain avoit donné son avis pour l'obtention, ainsi que M. l'Intendant d'Auch, sur le rapport, sans doute, de l'Ingénieur en chef des ponts & chaussées, alors Visiteur-général de la navigation. D'après cette facilité des Maîtrises à se prêter à l'introduction de nouveaux écueils sur un fleuve qui en étoit déjà rempli, & en faveur de tout le monde, doit-on être étonné de la multitude de ceux qui se trouvent sur toutes nos rivières, & des plaintes qu'ils excitent ?

Depuis le regne de Charles VIII jusqu'à l'année 1783, la police sur la Loire a toujours été exercée par un corps d'Officiers de la navigation ; les avantages qu'on en retiroit étoient tellement reconnus, que ce corps fut maintenu, lors de la réformation des eaux & forêts ; & pendant tout ce laps de tems, il n'y a jamais eu aucune réclamation de la part des Maîtrifes. Au furplus, comme nous l'avons dit dans notre ouvrage prélimi- naire, quelle analogie y a-t-il entre la partie des forêts & celle des rivieres? Ces deux parties exigent des con- noiffances entiérement différentes, & chacune d'elles eft fi importante par elle-même, & d'une étendue fi im- menfe, qu'il feroit impoffible de les réunir fous une même adminiftration, fans qu'il en réfultât les plus grands inconvéniens pour l'une & pour l'autre : aucune puif- fance, excepté la France, ne s'eft jamais avifée de les confier aux mêmes Officiers.

A l'égard des Ingénieurs qui ont été chargés en Gaf- cogne de cette police, depuis le réglement de 1733 jufqu'à celui de 1782, il eft prouvé qu'ils ne s'en font point occupés.

Si l'on confidere l'étendue de la police de la navi- gation intérieure, l'exacte furveillance qu'on doit appor- ter à cette partie ; les travaux immenfes qu'exige l'ou- verture de nouvelles routes dans le royaume ; la conf- truction des ponts, digues & quais fur les fleuves & rivieres, & des canaux de navigation ; la conftruction de nouveaux ports marchands maritimes, même de Roi, dont ces Ingénieurs font également chargés ; la conf- truction des hôpitaux civils & militaires, cazernes, pri- fons, presbyteres, places publiques, &c, & les répara- tions continuelles de tous ces différens objets, il n'y aura perfonne qui ne refte pleinement convaincu qu'il y a impoffibilité morale & phyfique, que ces Officiers puiffent exercer encore la police de la Navigation inté- rieure ; impoffibilité reconnue par le réglement de 1782.

D'ailleurs ils n'ont point les connoiſſances qu'exige ce ſervice ; un Artiſte , nous le répétons, n'eſt point un Adminiſtrateur.

Au ſujet des prétentions du Directeur des travaux publics de la Sénéchauſſée de Touloufe , à l'exercice de la police ſur la Garonne, la Commiſſion des États a décidé , que le nettoyement du lit du fleuve , la confection des chemins de hâlage , & autres objets relatifs à la liberté de la navigation , étoient des opérations inſtantes , d'autorité, de juriſdiction & de ſouveraineté , qui devoient être aux frais du Roi , qui a ſeul la juriſdiction & la police ; que ces opérations devoient être faites ſur-le-champ par qui le conſervateur trouveroit à propos de commettre. La lettre de M. de Puymaurin, Syndic-général des États, du 24 Mars 1783, écrite à M. l'Intendant de Languedoc, porte cette déciſion.

L'ambition des Ingénieurs des ponts & chauſſées les a , plus d'une fois, fait ſortir des bornes que leur prefcrit leur état, pour opérer dans des parties qui leur ſont étrangeres. Ventabren, Ingénieur des ponts & chauſſées, après le bombardement de Dieppe , en 1694 , fut , par faveur, ſans doute, envoyé dans cette ville, pour en réparer les fortifications & rebâtir les maiſons ; il s'en acquitta ſi mal, que les Normands lui donnerent le nom de M. de Gâte-ville. (Deſcription géog. & hiſt. de la France, par Piganiol.) M. de Vauban , cinq ans après, fut chargé de corriger les fautes de cet Ingénieur. Il ſeroit affligeant pour la ſociété , qu'au ſujet de la police des fleuves , rivieres & canaux , ils ſe miſſent dans un pareil cas , tandis qu'ils peuvent lui être, comme ils lui ont été, d'une utilité immense, en se bornant aux fonctions de leur état.

On auroit de la peine à croire qu'un Ingénieur en chef ait pu prendre un bac pour un péage, si on n'en rapportoit la preuve. Le bac de Leyrac, appartenant à M. le Marquis de Chazeron, est celui dont il est question; ce bac occasionnant sans cesse des plaintes de la part d'un particulier de cette ville, l'Intendant ordonna, il y a quelques années, la vérification des faits. L'Ingénieur d'Auch (M. de F...), alors Visiteur-général de la navigation de la Garonne, en dressa procès-verbal, comme s'il s'agissoit d'un péage; & sur son rapport, le Commissaire départi rendit une ordonnance, qui enjoignoit au particulier déjà opprimé, de délivrer un certain espace de terrein, pour faire un port qui facilitât l'abordage des bateaux, comme si le navigateur y avoit été obligé pour acquitter des droits de péage; cette ordonnance enjoignoit en même tems à M. le Marquis de Chazeron de payer ce terrein, à dire d'experts, tandis qu'il ne s'agissoit absolument que d'obliger ce dernier à construire des abords sur les deux rives du fleuve, au sujet de son bac, n'ayant ni ne faisant percevoir aucun péage en ce lieu. Voilà ce qui arrive toujours, quand les hommes ne sont pas à leur place.

Les Ingénieurs, dans aucun pays, ne sont chargés de la police de la Navigation intérieure. Où il n'y a point d'Officiers particuliers pour l'exercer, elle est confiée aux Commissaires de Marine, dont les connoissances y sont assez analogues; mais généralement ce sont les Juges, Maires, Bourg-mestres, Podestats des Villes qui

en

en connoiffent, & qui ont des Officiers de la Navigation fous leurs ordres, qui veillent à la police & leur rendent compte de leurs opérations (*a*).

L'Empereur, dans des vues très-louables, a voulu placer de tems en tems d'anciens Officiers militaires dans le corps de magiftrature des villes. C'eft une épargne pour la caiffe des penfions; mais il en réfulte de grands inconvéniens; parce que les Officiers ne font pas également propres à être les dépofitaires des loix & les défenfeurs de l'État. Un ancien militaire, qui a été fait fénateur de la ville de Linz, veut quitter ce pofte, & redemande fa penfion militaire, avouant qu'il ne fauroit fe mettre au fait des affaires civiles: on penfe que beaucoup d'autres doivent être dans ce cas.

Il eft, en effet, impoffible que des hommes qui n'ont fait toute leur vie qu'étudier la tactique & manier l'épée, foient en état, après leur retraite, de remplir les fonctions de juges; on doit plutôt chercher à profiter de l'expérience qu'ils ont acquife dans leur métier, que de les mettre dans le cas de rendre des mauvais jugemens dans un état pour lequel ils n'ont acquis ni les connoiffances, ni la pratique néceffaires, & où il faut décider de la fortune, de l'honneur & de la vie des citoyens.

Il en eft de même des Ingénieurs des ponts & chauffées, qui, toute leur vie, n'ayant étudié que les mathématiques & l'architecture, & opéré dans ces par-

(*a*) Le détail de ces différentes adminiftrations fe trouve dans l'ouvrage préliminaire.

I

ties, ne peuvent certainement avoir des connoiffances pour s'acquitter d'une adminiftration contentieufe.

Il feroit auffi déplacé de la part des officiers de la navigation, de demander d'être chargés des ouvrages d'art fur les fleuves & rivieres, qu'il l'eft de la part des Ingénieurs des ponts & chauffées de prétendre y exercer la police.

Quoiqu'ils foient chargés de la confection des grandes routes, qui eft leur propre partie, en ont-ils pour cela la police ? Quoiqu'on leur ait entiérement confié la conftruction des ouvrages civils des ports maritimes, ils n'en ont pas non plus la police : ainfi il eft inconcevable que parce qu'ils font auffi chargés des ouvrages d'art fur les fleuves & rivieres, ils prétendent à celle qu'on doit y exercer, qui n'eft pas plus de leur fait que celle des ports maritimes. D'ailleurs, la même raifon que nous venons de préfenter pour démontrer l'impoffibilité de confier ce fervice aux Maîtrifes, s'éleve encore plus contre les prétentions des Ingénieurs, attendu que leurs connoiffances y ont beaucoup moins de rapport, & qu'ils fe trouvent également chargés d'une partie immenfe qui exige tous leurs foins.

D'après cet expofé, on ne peut pas foupçonner qu'aucun d'eux prétende encore à cette adminiftration ; & on doit efpérer que le Gouvernement, éclairé fur tous les abus qui naiffent de l'anarchie, dans laquelle elle eft, y remédiera inceffamment.

PLAN GÉNÉRAL D'ADMINISTRATION

DE LA NAVIGATION INTÉRIEURE,

DE SON EXTENSION,

Et des moyens pour subvenir aux dépenses.

CE n'est point ici un problème, ni un projet systé-matique que nous présentons au Gouvernement; c'est une opération dont les avantages sont connus de tout le monde, & que tout citoyen désire ardemment pour le bonheur de la nation & la gloire du souverain : on croit que le plan que l'on présente ici est un moyen sûr pour parvenir à ce but.

1°. Réunir toutes les parties de police & d'adminis-tration de la Navigation intérieure en un département particulier, & donner le titre d'Intendant général de la Navigation au Magistrat à qui ce département seroit confié.

2°. Établir uniformément six départemens par grand bassin, celui du Rhône, celui de la Garonne, celui de la Loire, celui de la Seine, celui du Rhin & celui de l'Escaut, & nommer un Conservateur-général de la navigation pour chaque département, avec des syndics & patrons jurés, comme il y en a pour celui de la Garonne; département, ainsi que celui de la Loire, qui ont tous les fonds nécessaires pour subvenir à l'exer-cice de la police & aux appointemens des Officiers : de

I ij

plus, attacher à chaque département un Ingénieur &
deux fous-Ingénieurs hydrauliques, & trois eleves. Ce
qu'a fait jufqu'ici le Gouvernement pour ces deux contrées du royaume, met toutes les autres dans le cas
de réclamer les mêmes vues bienfaifantes de Sa Majefté : d'ailleurs, l'intérêt de l'État, à tous égards, exige
avec inftance cette opération générale & uniforme. Il
n'eft befoin pour l'achever, & remplir les différens objets de police fur tous nos fleuves, rivieres & canaux,
que de deux cents mille livres de fonds annuels, en
obligeant les feigneurs péagers, tant qu'ils feront en
poffeffion de ces droits onéreux à l'État, de payer en
argent une contribution, à laquelle ceux de la Garonne
& de la Loire viennent d'être foumis par les nouveaux
réglemens des 17 Juillet 1782 & 23 Juillet 1783, au
lieu des travaux auxquels ils font affujettis, & que le
Roi fe charge de faire exécuter fur tout le cours des
fleuves & rivieres : cette difpofition, l'une des plus fages
de ces réglemens, doit, pour la profpérité du commerce
& le bien de l'État en général, avoir lieu dans tout le
royaume ; ce ne fera que par ce moyen que les péagers rempliront leurs obligations.

3°. Le Confervateur-général de chaque département,
avec les autres Officiers, commenceroit fes opérations
par la vifite générale du cours du fleuve & des rivieres
pour en reconnoître toute l'utilité, le terme de chaque
efpece de navigation & celui du flottage ; fi la navigation pour bateaux & celle pour radeaux, ainfi que le
flottage, feroient fufceptibles d'être prolongés, & jufqu'en quel lieu ; fi les rivieres qui ne font navigables

que pour radeaux, ne pourroient pas le devenir pour bateaux, ou feulement dans une partie de leur cours; de même, fi celles qui, n'étant que flottables, ne peuvent pas être rendues navigables pour bateaux, ne font pas dans le cas de le devenir au moins pour radeaux; & enfin, pour celles qui ne font ni navigables ni flottables, quelle efpece de navigation on pourroit y établir, ou fi elles ne feroient propres qu'au flottage, ou feulement à l'établiffement d'ufines; quels feroient les avantages qui réfulteroient de chaque efpece de navigation, du flottage & ufines qu'on établiroit fur chaque riviere; quels font les abus qui s'y commettent & les moyens les plus convenables pour y remédier; de quelle nature font les obftacles qui gênent ou interrompent le cours des rivieres, les travaux ou indemnité néceffaires pour les lever, tant dans la partie déjà navigable que dans celle qui ne l'eft pas, & qui eft fufceptible de le devenir, ou d'être rendue flottable (a) : reconnoître en même tems les communications qui tiennent au plan général d'une navigation circulaire bien ordonnée; & de chaque objet, donner d'abord un état de dépenfe par approximation.

Cette opération préliminaire à l'extenfion de la Navigation intérieure, eft l'unique moyen pour parvenir à retirer tous les avantages que nous offrent les rivieres & le fol précieux de la France. C'eft par cette opération, qui n'a jamais été préfentée avec ce développe-

_____

(a) Nous n'avons que des notions générales fur les avantages infinis de nos fleuves & rivieres; nous ne connoiffons bien que les abus qui s'y commettent,

ment (*a*), qu'on reconnoîtra tous les objets du domaine
fufceptibles d'acquérir une valeur, ou d'être améliorés
par ces différens établiffemens, ou par les eaux des rivieres près defquelles ils fe trouvent fitués ; c'eft par ce
travail que le Gouvernement pourra former un plan
général de toutes les opérations de ce genre ; c'eft
enfin par CET ENSEMBLE, qu'on reconnoîtra l'utilité &
le dégré de mérite de chaque opération, celles qu'on
doit rejetter ou adopter, & celles qui exigent d'abord
d'être traitées de préférence, & qu'on pourra établir
une Navigation intérieure circulaire dans tout le royaume,
& la mettre en correfpondance avec celle des puiffances
voifines, fans s'expofer à ouvrir des communications
défordonnées.

C'eft alors que les Officiers de la navigation s'occu-
peront de fon extenfion fur les fleuves & rivieres,
objet exactement de police, puifqu'il ne s'agit que de
faire lever les obftacles qui fe trouvent naturellement
dans leurs lits, ou qui y ont été introduits par la main
des hommes ; vérité encore reconnue par le réglement
de 1782, pour la police de la Garonne. Pour remplir
cet objet, duquel il réfultera en outre le defféchement
des marais, il ne fera nullement befoin, après une
très-modique avance dont il va être parlé, d'avoir recours aux coffres du Roi, ni à aucune impofition.

_____

(*a*) Les Commiffaires envoyés dans les provinces en 1572, dont parle Sca-
liger, qui rapporterent qu'on pouvoit rendre navigables un grand nombre de
rivieres du royaume, ne s'occuperent, ainfi que ceux de la réformation de 1669,
que fuperficiellement de l'opération préliminaire que l'on préfente ici, dont les
avantages ne peuvent s'apprécier.

MOYENS.

Il feroit fait, dans chaque département, un emprunt de deux cents mille livres, plus ou moins, fi Sa Majefté ne pouvoit y pourvoir de fes finances, pour faire d'abord une ou deux opérations, en commençant par les plus avantageufes. On payeroit l'intérêt de cette fomme, fur les fonds faits pour l'adminiftration générale de la police, jufqu'à l'entier rembourfement, qui fe feroit très-promptement fur le produit de la nouvelle navigation ; mais il eft de la grandeur de Sa Majefté, ainfi que de celle de fon Miniftre des finances, de ne point recourir à l'emprunt d'une auffi médiocre fomme, pour un objet auffi important.

Il feroit affecté à ces opérations les contributions volontaires des contrées riveraines & des grands propriétaires, qui en retireroient des avantages immenfes.

Plus, le produit des ifles & l'augmentation de produit que procureroit l'extenfion de la navigation fur plufieurs objets du domaine du Roi, dont les uns rapportent très-peu, & les autres abfolument rien.

En outre, les droits modérés qui feroient mis fur la nouvelle navigation, fans aucune exemption. Tous ces revenus feroient verfés dans une caiffe particuliere, pour laquelle Sa Majefté créeroit une charge de Tréforier de la Navigation intérieure, dont la finance feroit auffi verfée dans ladite caiffe.

On pourroit employer utilement à ces opérations les troupes qui en feroient à portée, d'où il réfulteroit fans contredit plufieurs avantages pour elles & pour l'État ; comme nous l'avons démontré dans notre ouvrage préliminaire, pag. 145 & fuiv.

Voilà les moyens que nous avons d'abord préfentés ; & qui certainement fuffiroient pour les opérations dont on vient de donner ici le plan ; mais comme rien n'eft fi important que de les accélérer, nous allons pour cet effet joindre de nouveaux moyens aux premiers, & également réels.

M. Turgot avoit deftiné à cette partie une fomme annuelle de 800,000 livres. Si des circonftances ont obligé depuis d'employer le tout ou partie de cette fomme à d'autres objets, le calme de la paix doit faire efpérer qu'elle pourra être bientôt rendue à fa véritable deftination : on peut d'ailleurs y joindre, pour cette partie, d'autres reffources ; le Gouvernement en a déjà trouvé & employé quelques-unes, & on ne croit pas impoffible d'en indiquer encore de nouvelles.

Si l'on veut, pour accélérer ces travaux importans, augmenter la maffe des fonds, fans augmenter les charges du Tréfor royal, ni celle des peuples, la forme actuelle du brevet de la taille, depuis la déclaration de 1780, & celle même des fecours accordés par le Roi à fes peuples fur cette impofition, paroiffent en offrir des moyens auffi faciles, que juftes.

Parmi les différentes impofitions jointes à la taille, fous le titre de brevet acceffoire avant 1780, il y en avoit plufieurs deftinées à des objets de dépenfes locales & momentanées dans les provinces, dont l'emploi à ces dépenfes a dû ceffer depuis cette déclaration, ou doit

ceffer

ceffer fous peu d'années. Le Roi, par fa déclaration, s'eft engagé de continuer d'employer ces fonds à d'autres objets utiles aux provinces, lorfque leur emploi actuel feroit ceffé. Cet engagement a été conftamment réclamé depuis par tous MM. les Intendans : & l'on ne peut douter que l'intention perfonnelle du Roi ne foit de le remplir exactement. Quel emploi plus utile peut-on propofer des fonds libres de ces impofitions locales, à mefure qu'ils deviendront difponibles dans les provinces, que de les deftiner à la Navigation intérieure ? Ce fecours feroit peut-être peu confidérable les premieres années ; mais il doit néceffairement augmenter fucceffivement, & comme on connoît à-peu-près l'époque de ces augmentations, on pourroit régler en conféquence le tems des nouveaux travaux à entreprendre fur ces fonds.

Le fecours annuel d'un million à 1,500,000 livres, verfé par le Roi dans fes différentes provinces, fous le titre de travaux de charité, fur le fond de la taille, peut auffi offrir un moyen doublement utile pour les travaux de la Navigation intérieure par une augmentation de bras & d'argent. Ces travaux de charité ont principalement pour objet d'offrir des falaires aux journaliers dans les faifons mortes de l'année, & dans les pays dépourvus d'autres reffources. On les emploie le plus fouvent à des communications vicinales par terre, auxquelles les propriétaires intéreffés contribuent du tiers ou du quart de la dépenfe, quelquefois même de moitié, pour obtenir la préférence de ces travaux fur les chemins qui les intéreffent ; ce qui augmente en même tems pour les journaliers la maffe des fecours accordés

K

par le Roi. On peut également porter fur les rivieres fufceptibles d'établiffemens de Navigation, les travaux de
charité des paroiffes voifines, auxquels les propriétaires
de ces paroiffes feroient encore plus intéreffés à contribuer, comme il eft dit ci-deffus, pour accélérer l'amélioration confidérable de leurs fonds par le plus prompt
établiffement de navigation fur les rivieres, qui, dans
beaucoup d'endroits, difpenferoit même de la confection de plufieurs chemins vicinaux. L'expérience des travaux de la Rochelle a prouvé qu'on pouvoit en même
tems employer utilement aux mêmes ouvrages des troupes
du Roi & des journaliers falariés, en les diftribuant dans
des atteliers différens.

On peut auffi, pour des travaux plus difficiles ou
dangereux, employer, comme nous l'avons propofé dans
notre effai, des mendians ou des criminels tirés des
maifons de force. On a craint jufqu'à préfent que les
frais de conduite, de garde & de nourriture, n'abfor-
baffent l'utilité du travail, auquel on prétend qu'il eft
fi difficile de forcer cette efpece d'hommes. Mais nous
penfons différemment fur l'utilité dont ils feroient pour
ces travaux. Quand l'homme a éprouvé les horreurs de
la captivité indigente, il n'eft pas d'efforts qu'il ne faffe
pour recouvrer fa liberté, & fe procurer un bien-être. Il
eft très-probable qu'en haranguant ces hommes, en
gagnant leur confiance par un doux traitement, & en
leur donnant la perfpective de brifer leur chaîne par
une bonne conduite fuivie, on en feroit du plus grand
nombre, d'honnêtes gens : il faudroit, en conféquence,
dans chaque attelier, joindre au prêt de ceux qui

travailleroient le plus, suivant leurs forces, une petite gratification, & donner annuellement la liberté à un ou deux d'entr'eux, qui se seroient le mieux conduits, & dans lesquels on auroit d'ailleurs reconnu plus d'honnê-teté d'ame. Mais ce dernier moyen ne seroit que très-subsidiaire, après ceux qu'on vient d'indiquer, qui même peuvent dispenser de recourir à l'emprunt pro-posé.

On conçoit aisément qu'avec tous ces moyens, dont on ne peut contester la réalité, & dont on peut facilement faire usage, qui d'ailleurs n'exigent ni corvées, ni nouvelles impositions, ni aucun secours, pour ainsi dire, du trésor public, on peut très-promptement parvenir à l'exécution du plan général d'administration qui vient d'être tracé, & qui déjà a été favorablement accueilli. On verroit, sous peu d'années, ce département en état, par les fonds qu'il se feroit fait de ses travaux, de fournir aux frais de police & d'entreprendre les plus grandes opérations dans cette partie, qui ne tarderoit pas, non-seulement à être ré-tablie, mais encore à être portée à sa perfection. Ainsi on doit espérer que sous un monarque qui ne respire que le bien, & sous un ministre des finances déjà con-vaincu par ses propres connoissances que la liberté & l'extension de la Navigation intérieure sont les seuls moyens d'élever la France au plus haut degré de puis-sance, le Gouvernement admettra un plan dont l'exé-cution peu dispendieuse tend évidemment à cette fin.

FIN.

Kij

EXTRAIT des Registres de l'Académie Royale des Sciences.

Du premier Juin 1785.

Nous avons examiné par ordre de l'Académie, MM. le Chevalier de Borda, l'Abbé Bossut & moi, un ouvrage intitulé : *Mémoire sur la Navigation intérieure*, par M. Allemand. Ce mémoire est destiné à servir de suite à un traité du même auteur, imprimé il y a quelques années, sous le privilege de l'Académie : il renferme différentes observations que l'auteur a eu occasion de faire dans ses voyages, & des détails sur les canaux construits ou projétés, qu'il s'est procurés depuis la publication de son premier ouvrage. Nous croyons en conséquence que le mémoire de M. Allemand mérite, comme le premier, de paroître sous le privilege de l'Académie. Fait au Louvre, ce premier Juin mil sept cent quatre-vingt-cinq. *Signés*, le Marquis DE CONDORCET, BOSSUT, & le Chevalier DE BORDA.

Je certifie le présent extrait conforme à son original & au jugement de l'Académie. A Paris, ce 6 Juin 1785.

Signé, le Marquis DE CONDORCET.

TABLE.

Fin de la Table.

www.ingramcontent.com/pod-product-compliance
Lightning Source LLC
Chambersburg PA
CBHW071418220526
45469CB00004B/1329